50세 김부장의 늦지 않은

연금
공부

50세 김부장의 늦지 않은

연금 공부

은퇴 후 500만 원을 만드는 연금 포트폴리오

이영주
배한호
지 음

일에일북스

서울 자가 대기업 김부장의
두 번째 월급

고생했다! 김부장!

2025년 가장 시청률이 높았던 드라마 중 하나였던 〈서울 자가에 대기업 다니는 김부장 이야기〉에서 명장면을 꼽으라면 김부장(류승룡)의 아내 박하진(명세빈)이 조기 퇴직한 남편을 꼭 안아주며 눈물을 흘리는 장면일 테다. 나뿐만 아니라 많은 시청자가 공감했다. 그도 그럴 것이 지금 대한민국에서 가장 큰 인구 비중을 차지하고 있고 조만간 퇴직해야 하는 베이비붐 세대의 이야기였기 때문이다. 더불어 나와 내 친구들의 이야기이기도 했다.

주인공 김낙수는

대기업 통신사에 부장으로 재직 중인 53세 가장이다. 누구보다 치열하게 일하며 대기업에서 부장까지 승진했지만, 임원 문턱에서 좌절하고 만다. 결국 자의 반 타의 반 조기 퇴직을 선택했고,

불안한 노후를 준비하려고 퇴직금에 대출을 더해 상가에 투자했다 실패한다. 대출을 상환하기 위해 서울 자가를 팔아야 했고 돈을 벌기 위해 어쩔 수 없이 세차장 직원으로 제2의 인생을 시작하게 된다.

결국 다 잃었다.

드라마 제목에 쓰인, 그가 그렇게도 자랑스럽게 생각했던 '서울 자가', '대기업', '김부장' 모든 것을 잃게 되었다. 잘 나가던 그의 인생이 한순간에 무너진 결정적인 이유는 하나. 인생 2막, 노후에 대한 대비가 부족했기 때문이었다.

나도 53세다.

드라마 속 김부장과 같은 세대다. 국민학교를 일찍 들어간 탓에 친구들은 대부분 55세다. 최근에 동창 모임에 나가면 하나같이 퇴직 걱정이다.

> 조만간 명퇴할 텐데… 애들 학비도 더 들어가야 하는데…
> 퇴직 후에 뭘 해야 하나…노후 자금은 어떻게 준비해야 하나…

대부분 번듯한 대기업에 수십 년간 다니며 서울·경기에 자가를 보유한 친구들이지만 노후에 대한 불안이 적지 않다.

재수 없게 보이지만

나는 그들이 하는 대화에 끼지 않는다. 친구들 대부분이 하는 걱정을 나는 하지 않기 때문이다. 퇴직 걱정, 노후 자금 걱정, 할 일 걱정… 난 이런 고민을 하지 않는다. 정확하게 말하자면 이미 수십 년 전에 고민을 끝냈다.

스물아홉 살,

나는 대기업 생활 5년 차에 퇴사하고 20여 년간 비정규직 프리랜서로 살아왔다. 비정규직의 삶이 안정적이지 못했지만, 반대급부로 그런 환경에서 살아남기 위해 평생 먹고 살 기술과 자격증을 준비해왔다. 연금전도사로 활동하느라 부동산이 폭등하는 시절에 재테크로 성공하지는 못했지만 차근차근 3층 연금을 쌓아왔다.

2026년의 나는

그렇게 살아오면서 '부동산' 부자, '주식' 부자가 되지는 못했다. 하지만 '일' 부자, '연금' 부자로 살게 되었다. 나는 지금껏 쌓아온 연금에 대한 지식과 경험을 바탕으로 연금 전문가로서 은퇴 없이 평생 일할 계획이다. 더불어 차근차근 쌓아온 3층 연금으로 평생 월급 500만 원을 만드는 작업도 거의 완성 단계에 다다랐다. 더 중요한 것은, 나이가 들어갈수록 '부동산' 부자, '주식' 부자보다 '일' 부자, '연금' 부자가 더 행복해진다는 명제가 증명되고 있다는 사실이다. 언제까지? 남은 평생 동안.

안타까웠다.

드라마를 보는 내내 김부장의 선택이 안타까웠다. 저렇게 무리하지 않아도 되는데. 김부장이 쌓아온 국민연금, 퇴직금, 개인연금 그리고 월 200만~300만 원 정도의 소득만 있으면 행복한 노후를 준비할 수 있는데… 드라마를 보면서 달려가 상담해주고 싶었다.

모두 내 잘못이다.

나는 연금 상담 전문가로서 20여 년간 대한민국 국민에게 연금의 중요성을 알리려고 백방으로 노력해왔다. 하지만 많이 부족했던 것 같다. 오늘 밤도 내가 편히 잠자는 사이에 또 다른 김부장의 노후가 위험해지고 있다는 사실을 잊지 말아야겠다. 지금보다 더 많은 사람들에게 찾아가 노후 준비의 중요성과 방법을 알려야겠다고 다짐 또 다짐해본다.

내가 놀면 대한민국의 노후가 위험해진다.
내가 부지런해야 대한민국의 노후가 안정된다.

2026년 1월, 공동저자 이영주

Part 1

깨달음의 순간

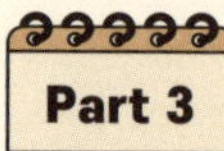

Part 3

준비한 자에게 위기는 기회다

안정 속의 불안
월급이 끊긴 뒤의 진짜 이야기

서울 강서구의 한 아파트 단지.

초겨울 새벽, 김부장은 다린 셔츠에 수트를 걸치고 현관문 앞에 섰다. 반듯하게 매만진 넥타이, 윤이 나는 구두. 평소와 다름없는 출근 준비였다. 현관문을 나서며 그는 잠시 거울 속의 자신을 바라봤다. 살짝 꺼진 눈 밑, 깊은 주름이 잡힌 미간… 그는 조용히 중얼거렸다.

"벌써 쉰이네… 이제 진짜 얼마 안 남았구나."

20년째 대기업에 근속 중인 김부장. 서울의 자가 아파트, 중·고등학생 자녀 둘, 세후 월급 650만 원. 남들이 보기에는 안정적인 삶이다. 주말에는 가족과 외식도 하고, 여름이면 가족 여행도 다녀온다. 통장에 월급이 찍히는 한, 걱정은 없어 보였다.

하지만 요즘 들어 이유 없이 가슴이 답답했다. 지하철 창에 비

친 얼굴은 낯설고, 어딘가 불안했다. 성과, 실적, 보고서, 회의… 회사에서는 누구보다 철저한 기획자였지만, 정작 자신의 인생 계획서에는 아무 숫자도 없었다.

그러다 며칠 전, 회사 게시판을 보았다.

"희망퇴직 신청 안내."

게시글 제목을 보는 순간, 가슴이 철렁 내려앉았다. '아직은 나랑 상관없겠지'라며 넘겼지만 선배 한 명이 회사를 떠나는 모습을 본 뒤부터는 그 단어가 머릿속을 떠나지 않았다. '퇴직'이 처음으로 현실의 선으로 다가왔다.

그날 이후 출근길이 달라졌다. 지하철 손잡이를 잡은 손에 묘한 긴장감이 느껴졌다. 창문에 비친 얼굴은 '일에 지친 중년 직장인'이 아니라 '아무 대비 없는 가장'의 얼굴이었다.

"월급이 끊기면… 우리 가족은 어떻게 살지?"
그는 처음으로 그 질문을 스스로에게 던졌다.

이 책은 바로 그 질문에서 시작된다.

『50세 김부장의 늦지 않은 연금 공부』는 금융 전문가의 성공담이 아니다. 서울에 집이 있고, 대기업에 다니며 가족이 있는 평범한 50세 직장인 김부장의 이야기다. 그가 퇴직을 앞두고 노후소득의 '틈'을 직시하고, 하나씩 해법을 찾아가는 여정이다. 책 속의 김부장은 연금 초보자였지만, 뒤늦게 시작한 '늦은 연금 공부'를 통해 결국 은퇴 후 세후 월 400만 원의 안정적인 소득 구조를 넘어서 500만 원의 소득을 완성한다. 그 과정에는 수많은 충격, 혼란, 깨달음, 그리고 결심이 있었다. 그리고 이 여정은, 지금 이 글을 읽고 있는 당신의 이야기일 수도 있다.

연금은 단순한 숫자가 아니라, 당신의 노후를 지탱할 '두 번째 월급'이다.

이제, 김부장의 여정을 함께 따라가보자. 동창 모임에서 마주한 서늘한 현실, 퇴직금을 둘러싼 고민, 세금과 건보료의 함정, 그리고 새로운 삶의 설계까지― 불안은 '준비'로 극복할 수 있다.

지금부터, 당신의 늦지 않은 연금 공부가 시작된다.

숫자로 보는 한국의 노후

"통계는 준비를 위한 가장 확실한 이정표다"

노후 준비는 '얼마가 필요하다'는 막연한 걱정이 아니라, 우리 사회의 변화와 나의 현실을 '객관적인 숫자'로 파악하는 것에서 시작한다. 이 리포트는 고령화 속도부터 노인 빈곤율, 가계 적자, 그리고 소득 절벽까지 대한민국 50대가 마주한 노후의 민낯을 데이터로 분석했다. 숫자가 보내는 경고를 냉정하게 직시할 때, 비로소 흔들리지 않는 나만의 연금 전략을 세울 수 있다.

대한민국 65세 이상 인구 비중 전망(2025~2050)

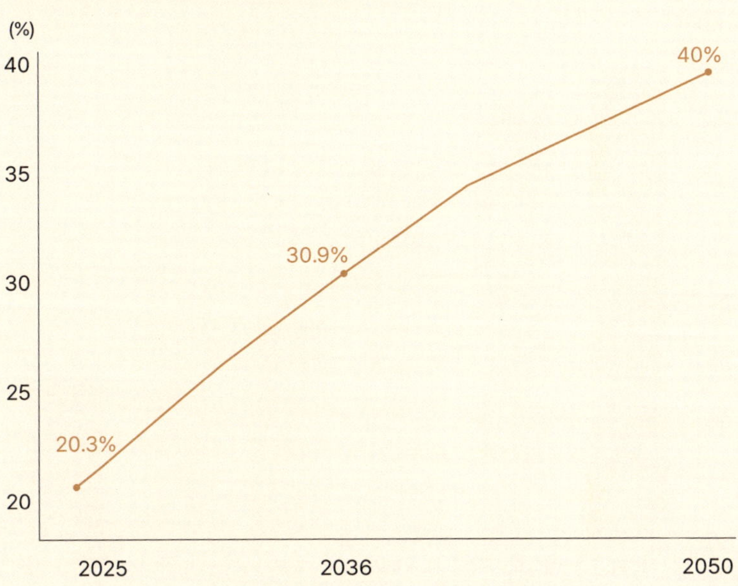

2025년 한국의 65세 이상 인구 비중은 20.3%를 넘어서며 세계에서 가장 빠른 속도로 초고령사회에 진입했다. 2036년이면 30.9%, 2050년에는 40%를 넘어설 전망이다. 고령사회(14%)에서 초고령사회(20%)로 가는 데 불과 8년밖에 걸리지 않은 한국은 OECD 국가 중 고령화 속도가 가장 빠르다. 일하는 사람 1명이 노인 1명을 부양하는 시대가 온다.

주요 OECD 국가 노인 빈곤율 비교(66세 이상, 처분가능소득 기준)

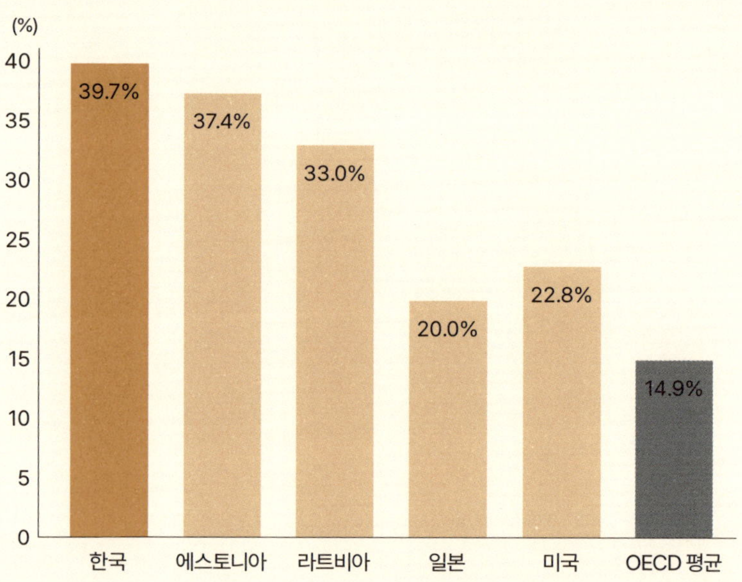

한국의 노인 빈곤율은 39.7%, OECD 평균(14.9%)의 거의 3배다. 즉, 노인 두 명 중 한 명이 중위소득의 50% 이하의 수입으로 살아간다. 평균 국민연금 수령액은 68만 원, 연금을 전혀 받지 못하는 노인도 약 10%에 이른다. 65세 이상 노인의 절반이 여전히 일하는 이유다. 한국의 노후는 은퇴가 아니라 '재취업'으로 유지된다.

65세 이상 가구 월평균 가계수지 현황(소득 vs. 지출)

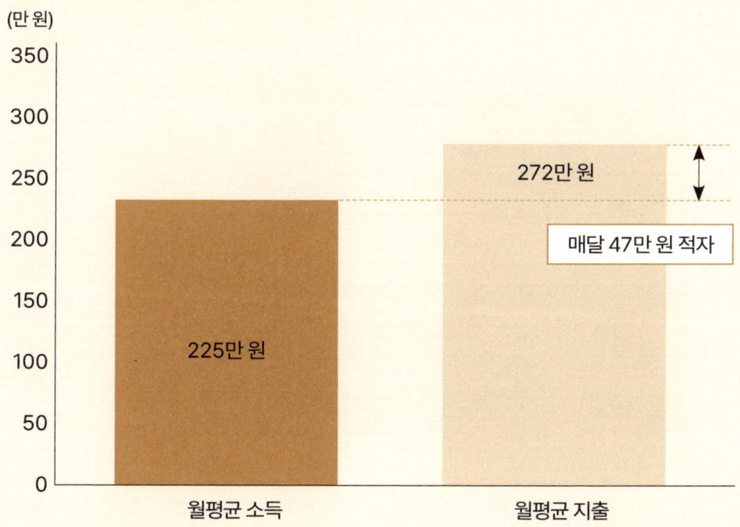

출처: 통계청 가계동향조사 및 고령자 통계 재구성

65세 이상 가구의 월평균 소득은 225만 원, 이 중 절반 이상이 근로·연금소득이다. 하지만 월평균 지출은 272만 원, 즉 매달 47만 원의 적자다. 이 적자는 결국 저축을 깎아 먹거나, 자녀의 지원에 의존하게 만든다.

대한민국 남녀 기대수명 및 건강수명 격차(2025년 기준)

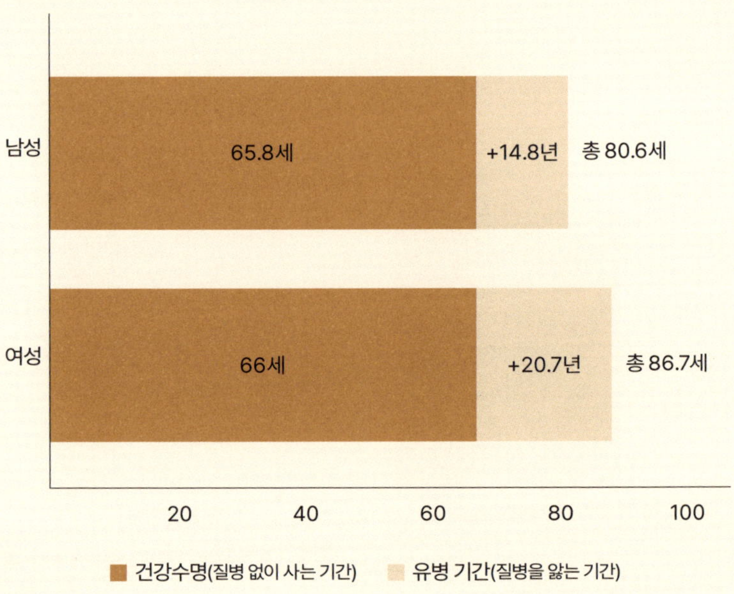

한국인의 기대수명은 남성 80.6세, 여성 86.7세. 그러나 건강수명은 남성 65.8세, 여성 66세에 머문다. 즉, 은퇴 후 15~20년은 질병과 함께 보내는 시기다. 고령층 의료비는 가계지출의 32%를 차지한다. 연금은 바닥나도 병원비는 멈추지 않는다.

부부 적정 생활비 대비 연금 준비 현황

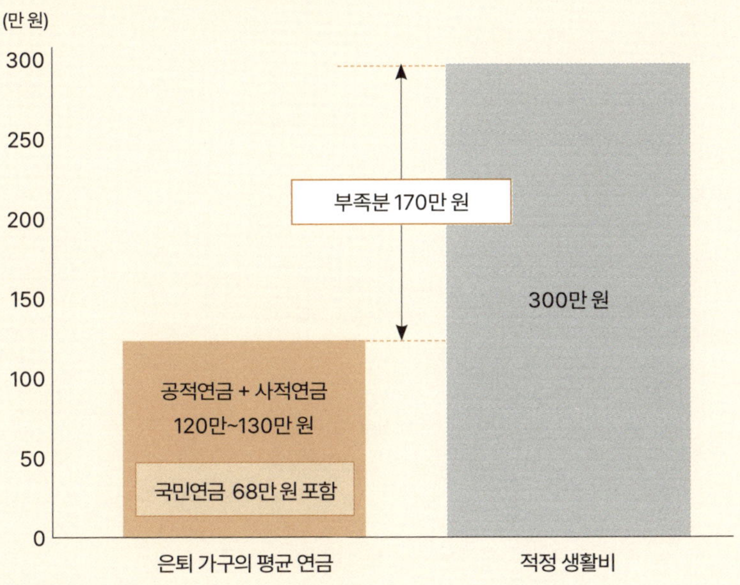

부부 기준 적정 노후 생활비는 월 300만 원, '여유 있는 생활'을 위해서는 400만 원이 필요하다. 하지만 실제 은퇴 가구의 평균 연금 총액은 공적연금, 사적연금 모두 합해도 월 120만~130만 원 수준. 그중 국민연금이 68만 원이다. 생활비 300만 원이 필요한데, 130만 원밖에 없다면 부족분 170만 원이 바로 당신의 과제다.

퇴직 후 소득 절벽

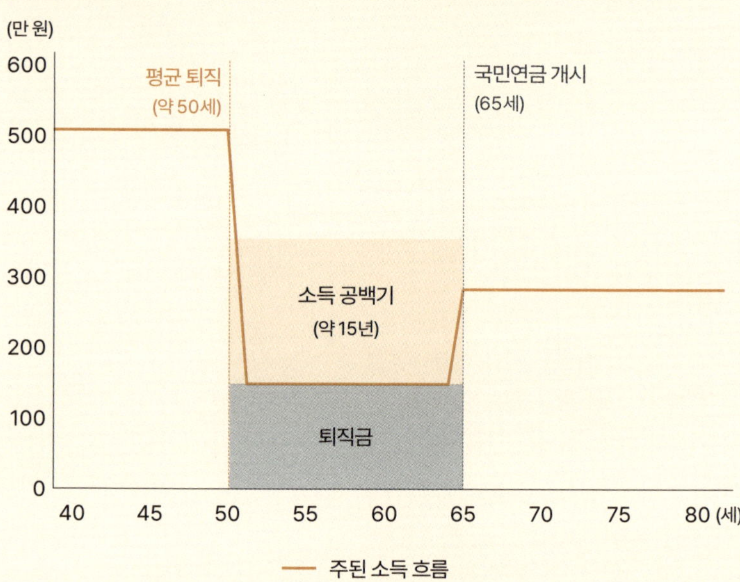

한국인의 평균 퇴직 연령은 49.4세, 국민연금은 대부분 65세 이후 개시. 즉, 평균 15년의 소득 공백기가 생긴다. 이 시기를 버티지 못하면 퇴직금은 생활비로 사라지고, 연금 구조는 무너진다. 퇴직 이후 10년을 버틸 수 있는가가 노후의 승패를 가른다.

숫자가 말하는 결론

항목	수치	의미
65세 이상 인구	20%로 증가	초고령사회 진입
노인빈곤율	39.7%	OECD 1위
노인가구 월 소득	225만 원	지출 272만 원 대비 47만 원 적자
기대수명	남 80.6세 / 여 86.7세	은퇴 후 25~30년
적정 생활비	월 300만 원	현실과의 괴리
평균 연금총액	130만 원	부족분 약 170만 원
평균 퇴직연령	49.4세	공백기 10년 이상

한국의 노후는 길고, 불안하며,

준비한 사람과 그렇지 않은 사람의 격차는 평생 간다.

지금의 50대는, 마지막으로 구조를 세울 수 있는 세대다.

Part 1

깨달음의 순간

"나는 준비되어 있다고 믿었다"

chapter 1

박 부장은 400만 원인데,
내 연금은 얼마지?

　　토요일 저녁, 간만에 시간을 낸 김부장은 대학 동창들과의 모임이 있는 식당으로 향했다. 퇴근 후 약속을 자주 잡던 시절도 있었지만 요즘은 일과 집을 오가기에도 벅차 사람들을 만나는 일이 점점 줄어들었다. 문을 열고 들어가자 익숙한 얼굴들이 하나둘 시야에 들어왔다. 서로를 보며 "야, 늙었다" "아직도 버티냐" 같은 가벼운 농담이 오갔지만 예전처럼 활기차게 떠들던 분위기는 아니었다. 서로의 얼굴에는 미묘한 피로감이 묻어 있었다.

　　술잔이 돌고, 한두 잔 들어가자 누구보다 먼저 말문을 연 사람은 늘 장난스럽던 박 부장이었다.

　　"야, 나 다음 달에 명퇴야."

순간 테이블은 조용해졌다. 김부장은 괜히 젓가락을 내려놓았다. 명퇴라는 단어가 주는 묵직함이 갑자기 모두의 표정을 진지하게 만들었다. 이 부장이 조심스럽게 물었다.

"그래도 너 준비 잘했잖아. 연금은 얼마나 나와?"

박 부장은 준비한 듯 스마트폰 계산기를 열어 몇 번 두드리더니 말했다.

"국민연금 160만 원. IRP로 돌려놓은 퇴직금에서 140만 원, 개인연금 60만 원, 부부 합치면 400만 원 정도는 꾸준히 나오지."

"와~ 진짜 잘 준비했네."

"야, 그 정도면 살 만하겠다."

다들 칭찬 섞인 감탄을 쏟아냈고, 박 부장은 쑥스러운 듯 웃었다. 그러나 잔을 들고 있던 김부장의 손은 살짝 흔들렸다. 400만 원이라는 명확한 금액, 그리고 '꾸준히'라는 말. 자신도 나름 탄탄하게 준비해왔다고 자부했건만 막상 비교 대상이 생기자 믿음은 모래성처럼 흔들리기 시작했다. 잠시 뒤 박 부장이 자연스럽게 물었다.

"넌 얼마쯤 나와?"

순간 말문이 막혔다. 뭐라고 말해야 할까. 대충 아는 숫자를 막상 입 밖으로 꺼내려니 자신이 없었다.

"국민연금… 한 145만 원쯤? 퇴직금은 2억 정도 받을 텐데 그걸로 생활하면… 되지 않을까?"

박 부장이 잔을 내려놓으며 김부장을 바라보았다. 얼굴에는 진심 어린 걱정이 묻어났다.

"요즘 물가에 20~30년 버티는 거 진짜 쉽지 않아. 퇴직금도 투자 안 하면 생각보다 금방 줄어들고."

그 한마디가 유독 귓가에 크게 박혔다. 왁자지껄하던 테이블 위 소음이 일시에 잦아든 것 같은 착각마저 들었다. 그때 이 부장이 길게 한숨을 쉬며 말을 이었다.

"퇴직금으로 월세 받는 시대는 끝났어. 세금, 공실, 수리비… 요즘은 예전 같지 않다니까."

또 다른 친구가 덧붙였다.

"은퇴하면 돈이 줄어드는 속도가 진짜 상상 이상이야. 오래 사는 게 축복이 아니라 오히려 부담일 때도 있더라고."

동창들의 목소리가 하나둘 얹히면서 김부장의 마음 한구석에는 설명하기 힘든 불편함이 묵직하게 내려앉았다.

모임을 마치고 집으로 향하는 길, 차창 밖 도로의 가로등 불빛이 유난히 차갑게 느껴졌다. 박 부장의 말들이 다시 머릿속에서 되감기듯 반복됐다.

"국민연금 160만 원은 기본이지."

"퇴직금은 연금으로 돌려야 오래 간다."

"부부 합쳐 400만 원이면 괜찮지."

김부장은 조용히 중얼거렸다. "…나는 얼마지? 나는… 준비된 건가?"

국민연금 145만 원. 퇴직금 2억. 과연 이것으로 은퇴 후 최소 30년, 아니 40년을 버틸 수 있을까? 집에 도착해 TV를 켜자 "100세 시대, 은퇴 후 40년"이라는 자막이 나왔다. 그 짧은 문장이 불쑥 김부장의 마음을 파고들었다.

"40년…? 55세에 퇴직하면 95세까지네."

월급 없이 살아가야 하는 길고 긴 시간. 그 시간은 김부장이 생각했던 것보다 훨씬 길고 무거웠다. 소파에 앉아 한참 동안 천장을 바라보던 김부장은 스마트폰을 집어 들고 검색창에 띄엄띄엄 문자를 입력했다. '내 연금은 얼마일까.'

지금 나의 연금은 얼마일까?

많은 직장인이 노후 준비를 이야기할 때 이렇게 말한다.

"국민연금 있으니까 뭐…"

"퇴직금도 있으니까 어떻게든 되겠지."

하지만 '어떻게든'이라는 생각은 대부분 확인하지 않은 숫자에서 나온다. 정작 자신의 예상 연금액을 공식적으로 조회해본 사람은 많지 않다. 노후 준비의 첫걸음은 거창한 투자도, 복잡한 설계도 아니다. 내가 받을 연금이 도대체 '월 얼마인지' 현재의 위치를 정확히 아는 것. 이 단순한 행동이 미래의 불안을 절반 이상 줄여준다.

은퇴 준비는 다음 세 가지만 확인하면 된다.

- 국민연금
- 퇴직연금(IRP·퇴직금)
- 연금저축·연금보험

이 '연금 3종 세트'를 모두 합산하면 지금 기준으로 은퇴 후 매달 얼마를 받을 수 있는지가 선명해진다. 그리고 그 숫자를 현재 생활비와 비교하는 순간 부족분이 자연스럽게 드러난다.

국민연금: 노후 현금흐름의 기둥

국민연금은 노후 생활비의 가장 안정적이고 지속적인 축이다. 여기서 중요한 건 "나는 65세에 얼마를 받는가?"라는 '실제 숫자'다. 국민연금은 물가 연동 구조라 오랜 기간 믿고 갈 수 있는 현금흐름이지만, 생각보다 적게 나오는 경우가 많다. 막연히 '150만

~200만 원 나오겠지'라고 믿는 순간 오차가 생기고, 이 오차가 20~30년에 걸쳐 노후 재정을 흔들어놓는다.

퇴직연금(DB·DC·IRP): 목돈이 아닌 '흐르는 구조'

퇴직금 2억 원이 겉으로 보기에는 큰돈 같지만 생활비로 쓰기 시작하면 10년이면 바닥날 수 있다. 퇴직금을 IRP로 전환하면 이 돈은 한 번에 사라지는 돈이 아니라 평생 흐르는 돈이 된다.

IRP는 ① 세금 이연, ② 복리 운용, ③ 55세 이후 연금 수령 등의 구조 덕분에 퇴직금을 두 번째 월급으로 만드는 안정적인 수단이다.

개인연금: 내가 모르는 '세 번째 연금'

연금저축은 현역 시절 세액공제를 통해 절세하면서 노후에는 생활비를 보완하는 역할을 한다. 연금보험은 비과세 조건 충족 시 평생 지급형으로 받을 수 있어 노후의 빈틈을 메우는 안정적인 흐름이 된다.

이 두 축은 국민연금·IRP에서 부족한 부분을 마지막으로 채워주는 안전망이다.

· 나의 노후 소득 구조 파악하기 ·

막연한 불안을 이기는 힘은 '정확한 숫자'에서 나온다. 지금 스마트폰을 켜고, 김부장과 함께 나의 연금을 확인해보자.

STEP 1. 국민연금: 막연한 추측을 '정확한 숫자'로 바꾸기

준비물	'내 곁에 국민연금' 앱 (국민연금공단 공식 앱)
경로	[메뉴] → [예상 연금액]
미션	☐ 65세 기준 예상 월 수령액 확인 후 캡처
	☐ 소득과 가입기간 수정해서 조회하기

STEP 2. IRP&개인연금(연금저축·연금보험): '흐르는 구조'인지 확인하기

준비물	각자 이용하는 은행/증권사/보험 앱
경로	[연금/IRP] → [계좌 조회] → [적립금] 또는 [연금 예상 보기]
미션	☐ 총적립금과 현재 운용 수익률 확인
	☐ 55세 수령 가정 시 월 예상 수령액 캡처
	☐ 연금저축·보험의 수령 기간(10년/15년/종신형) 확인

내 IRP가 주식/채권/예금 중 어디에 얼마나 들어 있는가? 지금 이 구조가 은퇴 후 현금흐름을 만들어낼 수 있는지 체크하는 것이 핵심이다.

STEP 3. 생활비: 최근 3개월 생활비 평균 계산하기

방법 ① 토스, 뱅크샐러드 등 자산관리 앱의 '최근 3개월 소비 평균' 확인

② 직접 계산하기 (최근 3개월 총지출 합계) ÷ 3 = 평균 생활비

확인 항목 식비, 고정비(통신/관리비/보험), 교통비, 기타 생활비

STEP 4. 종합: 연금 3종 세트 합산하기

방법 지금까지 확인한 숫자를 아래 표에 적기

구분	예상 월 수령액	비고
국민연금	__________ 만 원	65세 수령 기준
IRP	__________ 만 원	
연금저축/연금보험	__________ 만 원	
합계	(A)__________ 만 원	나의 월 고정 수입

STEP 5. **부족분 계산: 우리가 채워야 할 '목표 금액'**

계산식 월평균 생활비 - 연금 합계(A) = 최종 부족분

(예시) 생활비 350만 원 - 연금 합계 230만 원 = 부족분 120만 원

> **체크포인트**
>
> 인생 후반전의 전략은 바로 이 '부족분'을 어떻게 메우느냐에 달려 있다.

STEP 6. **나만의 연금 노트 첫 페이지 기록하기**

방법 가장 잘 보이는 곳에 아래 문장을 기록하자. 이 숫자가 '나만의 기준점'이 될 것이다.

〈나의 노후 소득 구조 – 현재 위치〉

월평균 생활비 ＿＿＿＿＿＿만 원

월 연금 수령액 ＿＿＿＿＿＿만 원

결론 "나는 매달＿＿＿＿＿만 원이 부족하다."

chapter 2

퇴직금의 유혹,
부동산 투자를 해도 될까?

며칠이 지나도 김부장의 머릿속에는 박 부장의 말이 계속 떠올랐다.

"퇴직금은 연금으로 돌려야 오래 간다."

그 말이 이상하게 거슬렸다. 퇴직금 2억이면 꽤 큰돈이라고 생각했고, 현실적으로 부족할 수도 있다는 생각은 단 한 번도 해본 적이 없었다. 괜찮을 거라며 스스로를 다독여 봐도, 가슴 한쪽에는 정체 모를 조바심이 스멀스멀 피어올랐다.

"진짜… 내가 준비가 부족한 걸까?"

출근길 지하철에서 문득 광고 하나가 눈에 들어왔다.

그 문구는 마치 김부장을 위해 준비된 해법처럼 보였다.

"그래, 부동산이 답일 수도 있지. 월세가 꾸준히 들어오면 박 부장처럼 '월 현금흐름'을 만들 수 있잖아."

자신감이 조금씩 차올랐다. 김부장은 퇴근길에 관련 영상을 몇 개나 찾아봤다. 높은 조회수를 올리는 많은 유튜버가 입을 모았다.

"직장인은 수익형 부동산 하나는 있어야 한다."

"월세가 들어오면 연금처럼 안정적이다."

"퇴직금 굴리기에는 오피스텔이 최고다."

설득력 있게 들렸다. 모두가 '된다'고 하니 정말 되는 것 같았다.

그날 밤 김부장은 책상에 앉아 단순 계산을 시작했다.

$$월세 80만 원 \times 12개월 = 연 960만 원$$

"연 960만 원이면 나쁘지 않네. 국민연금 145만 원에 월세 80만 원이면 월 225만 원 수준이잖아. 거기에 연금저축·보험까지 더하면 은퇴 후 생활비는 충분하지 않을까?"

그럴듯해 보였다. 광고 속 '세전 수익률 6~7%'라는 숫자에 점점 자신감이 붙었다. 다음 날 김부장은 진짜로 부동산 중개소를 찾았다.

수익형 부동산의 이상과 현실

"어서 오세요. 어떤 물건 찾으세요?"

"수익형 오피스텔 보려고요. 퇴직금 일부로 투자할까 해서요."

중개사는 기다렸다는 듯 신축 오피스텔 브로슈어를 펼쳤다.

"여기 보세요. 역세권이고 신축 수준입니다. 월세는 80만 원, 공실은 거의 없습니다. 강남권 직장인 수요도 꾸준해요."

말투는 부드러웠고 설명은 매끄러웠다. 김부장은 서류에 적힌 '연 6.5% 수익률'에 눈길을 더 오래 머물렀다.

"정말 공실 없나요?"

"거의 없다고 보시면 돼요. 수요가 많거든요."

중개사는 자연스럽게 말을 이어갔다.

"요즘 은퇴 준비 좀 한다는 분들은 결국 이런 매물 하나씩은 끼고 가시더라고요."

그 한마디가 김부장의 마음을 교묘하게 파고들었다.

'다들 한다는데… 나도 해야 하지 않을까?'

건물 외관을 살피기 위해 건물로 이동하는 동안, 노후에 대한 불안은 '월급 대신 월세'라는 근거 없는 기대감으로 뒤덮였다.

하지만 집에 돌아와 중개사가 준 자료를 펼치고 세후 기준으로 차분히 다시 계산해보자 전혀 다른 숫자가 나왔다. 김부장은 하나씩 적어 내려갔다.

"월 60만 원…? 아까 본 80만 원이 아니잖아."

명확한 숫자가 눈앞에 드러나자, 부동산 광고의 말들이 하나

둘씩 무너졌다. "공실이 거의 없다"는 말도 막상 뉴스 통계를 보면 달랐다.

월세 수입	80만 원 × 12개월 = 960만 원
재산세/종합소득세	약 100만 원
관리비/수선비	약 60만 원
월세 미임대(공실) 위험	최소 1개월 80만 원 손실
초기 비용	중개비·취득세 등 수백만 원
실수익	**약 720만 원(월 60만 원 수준)**

김부장은 리모컨을 내려놓고 한참 동안 TV 화면을 응시했다. 조금 전만 해도 '안전하다'고 생각되던 부동산이 이제는 불확실한 자산처럼 보였다.

다음 날, 회사 복도에서 평소 재테크에 밝은 선배를 만났다.

"선배, 퇴직금으로 오피스텔에 투자하면 어때요? 월세라도 받으면 좀 낫지 않을까요?"

선배는 잠시 생각하더니 의외의 답을 내놓았다.

"나도 예전에는 그렇게 생각했지. 그런데 지금은 안 해."

"왜요? 부동산이 그래도 남는 자산이잖아요."

"남지. 대신 돈이 안 돌아. 노후에는 자산이 아니라 '얼마가 매달 들어오느냐'가 더 중요해."

선배는 이어 말했다.

"퇴직금은 부동산을 사는 돈이 아니라 '월급을 연장하는 돈'이야. IRP로 돌려서 흐르게 만들어야 20~30년을 버틸 수 있어."

그 말은 묵직하게 꽂혔다. 김부장은 그날 집에 와서 노트 한편에 적었다.

"부동산은 남지만 멈추고, 연금은 적어도 흐른다."

퇴직금 2억 원 사용 시 비교

구분	수익형 부동산	IRP 운용(연 3%)
초기 투자금	2억 원	2억 원
월 현금 유입	약 60만~67만 원	약 86만 원
리스크	공실, 세금, 경기 침체	금리·시장 변동
유동성	매우 낮음	높음
자산 가치	변동성 큼	장기 복리 구조
핵심 구조	'묶이는 돈'	'흐르는 돈'

· 수익형 부동산 검토 시 반드시 확인해야 할 7가지 ·

퇴직금 2억 원으로 월세 80만 원을 받을 수 있다는 제안은 달콤하다. 하지만 이 숫자가 '진짜 노후 자산'이 되려면 다음의 항목을 반드시 확인해야 한다.

1. '세전 수입'이 아닌 '세후 실수익' 계산하기

• 재산세, 소득세, 관리비, 수선유지비 등을 모두 차감한다.

• "세후 실수익 = 연 _____만 원"을 기록한다. 대부분 이 단계에서 월 수입이 60만 원 수준으로 떨어진다.

2. 공실 위험을 데이터로 시뮬레이션하기

• 중개사의 말 대신 해당 지역의 실제 공실률을 검색해본다. (예: ○○구 오피스텔 공실률)

• 연간 수익에서 최소 1~2개월 치 월세를 미리 제외하고 계산한다. 공실 한 달이면 연 수익의 8.3%가 사라진다.

3. '감'이 아닌 '데이터'로 입지 수요 확인하기

• 네이버 부동산에서 해당 오피스텔 주변 월세 매물 수량을 확인한다. 매물이 너무 많으면 공급 과잉 지역이다.

• "월세 매물 ○○건 / 전세 대비 월세 비율 ○○%" 기록한다.

해당 지역의 인구 변화(2020~2024년 감소 여부)와 직장 수요(오피스, 산업 단지 등)를 체크한다.

4. 관리비와 수선비가 수익률을 좌우한다

- 오피스텔은 아파트보다 관리비가 높다. 최근 1년 관리비 고지서를 요청해 평균 금액을 확인한다(보통 월 10만~18만 원, 연 120만~216만 원).
- 보일러, 에어컨 등 수선비로 연간 최소 30만~50만 원을 별도 책정한다.

5. 실제 임대료를 확인하고 보수적으로 비교하기

- 네이버 부동산에서 동일 평형 매물 중 가장 낮은 월세를 기준으로 수익률을 계산한다.
- 월세가 5만~10만 원 하락하는 최악의 시나리오를 전제한다.

6. 초기 비용을 포함한 '진짜 투자 원금' 계산하기

- 취득세(4.6%), 중개비(보통 0.5~0.9%), 법무비 등이 초기 비용이다. 이를 포함한 총 투자 비용을 계산한다.
- 초기 비용을 포함하면 표면 수익률은 크게 떨어진다.

7. 수익형 부동산의 '유동성 함정' 고려하기(환금성 체크)

- 네이버 부동산 실거래가를 조회해 3년 전 대비 현재 시세를 비교한다.
- 시세가 하락 중이거나 거래량이 적은 지역은 현금화가 어렵다는 사실을 명심한다.

10억 목돈 50억 부동산, 과연 기억날까?

"평생 모은 65억 원 금괴, 인테리어 업자가 꿀꺽"

몇 년 전 화제가 되었던 뉴스 제목이다. 서초동에 사는 김 씨는 평생 모은 금괴를 장롱 밑에 숨겨두었다. 그러던 어느 날 치매에 걸렸고 결국 금괴가 있다는 사실을 가족에게 알리지 못한 채 사망하고 말았다. 김 씨가 사망한 이후 김 씨의 유족들이 집 인테리어를 바꾸기 위해 인테리어 업자들을 불렀는데, 이들은 장롱을 처리하는 과정에서 금괴를 발견하고는 유족 몰래 금괴를 훔쳐서 호화생활에 써버렸다. 이후에 내부 고발로 사건이 드러났지만 결국 금괴는 되찾지 못했다.

기사를 보면서 이런 생각을 한 번쯤 해보자.

"내가 열심히 모으고 있는 주식과 부동산, 과연 평생 기억날까? 노후에도 제대로 관리할 수 있을까?

노후는 젊은 시절에 비해 활동력, 판단력, 기억력이 떨어지는 시기다. 젊은 시절의 생각대로 노후를 판단해서는 안 되는 이유다.

chapter 3

50살,
늦었지만 늦지 않은 7가지 이유

퇴직금으로 오피스텔을 사겠다는 계획이 세후 수익 계산 앞에서 산산이 무너진 지 며칠이 지났다. 김부장은 여전히 마음이 어지러웠다. 퇴직까지 남은 시간은 5년. 이제 와서 무엇을, 어디서부터 준비해야 할지 감조차 잡히지 않았다.

집으로 돌아가는 지하철 안에서 그는 습관처럼 연락처를 넘기다가 어느 순간 손가락이 멈췄다. '박 부장' 대학 동기이자, 늘 부지런하고 성실하게 준비해오던 친구였다. 잠시 망설인 끝에 전화를 걸었다.

"야, 오랜만이다. 시간 좀 되냐?"

- 어? 김부장! 웬일이야. 반갑다. 무슨 일로?

"그냥… 물어볼 게 하나 있어서. 오늘 저녁 어때?"

저녁 7시, 회사 근처의 낡은 고깃집. 자욱한 연기 너머로 두 사람이 마주 앉았다. 불판 위에서 지글거리는 소리와 함께 고소한 냄새가 퍼졌다. 눈이 마주칠 때마다 두 사람의 얼굴에는 반가움과 어색함이 교차했다.

"야, 우리도 벌써 50이야."

박 부장이 웃으며 말했다.

"시간 진짜 빠르다."

김 부장은 말없이 소주잔을 들었다. 속마음이 너무 복잡해서 어디서부터 어떻게 말을 꺼내야 할지 몰랐다.

"…요즘 있잖아, 퇴직 이후의 삶에 대해 생각이 많아졌다."

"왜?"

"국민연금 145만 원에 퇴직금 2억… 그 정도면 괜찮을 줄 알았거든. 그런데 막상 계산기를 두드려보니 부족하더라고. 월세 80만 원 나온다는 부동산도 이것저것 떼고 나면 내 손엔 60만 원 쥐어질까 말까고…"

젓가락질을 멈추고 듣던 박 부장이 고개를 끄덕이며 말했다.

"그래서 지금이라도 준비해야지."

"늦은 거 아니야?"

"늦긴, 아직 50이잖아."

박 부장은 고기를 뒤집으며 말했다.

"생각해봐. 지금부터 65세까지면 앞으로 15년이 남았잖아. 15년이면 연금계좌도 하나 제대로 만들 수 있고, 자산 구조도 완전히 바꿀 수 있어."

박 부장의 이야기

"나는 40살 때부터 아주 조금씩 시작했거든. 연금저축이랑 IRP에 매달 30만 원씩. 그땐 큰돈이라고 생각도 안 했어."

"벌써 10년 됐네?"

박 부장은 웃었다.

"응. 지금은 10년, 65세가 되면 25년. 매년 조금씩 쌓이고, 복리 덕에 불어나더니 지금은 원금 3,600만 원에 수익까지 붙어서 4,400만 원 넘었어. 65세가 되면 원금 9천만 원에 수익까지 하면 1억 5천만 원이 넘을 것 같아."

"와… 진짜 대단하다…"

김 부장은 감탄을 숨기지 못했다.

"나는 이제야 시작하려고 하는데… 그 차이가 너무 크다."

그 말에 박 부장은 잔을 내려놓았다.

"야, 복리는 금액보다 시간이 중요한 거야. 시작한 날이 곧 복리의 첫날이지."

"그게 무슨 말이야?"

"너는 지금 50이잖아. 만약 지금부터 15년만 꾸준히 쌓아도 절대 적은 숫자가 아니야."

복리는 금액이 아니라 시간이다

김부장은 고개를 끄덕였다. 마음속 깊은 곳에서 불안과 후회의 무게가 조금씩 풀려가는 느낌이었다. '그래, 박 부장은 나보다 10년 일찍 시작했을 뿐이야. 그 차이가 이렇게 크구나… 하지만

나도 15년은 남았잖아. 지금이라도 하면 바뀔 수 있겠지.'

돌아오는 길, 그의 머릿속에는 박 부장의 마지막 조언만이 또렷하게 남았다.

"노후 준비는 '언제부터'가 아니라 '언제 진짜 깨달았느냐'가 중요해. 오늘 깨달았으면, 오늘이 출발이야."

복리의 시간 차가 만드는 차이(연 4% 기준, 월 30만 원 납입)

구분	납입금액	납입기간	총 납입원금	예상수익(4%)	총자산
박 부장 (40세 시작)	월 30만 원	25년	9,000만 원	약 6,400만 원	약 1억 5,400만 원
김 부장 (50세 시작)	월 30만 원	15년	5,400만 원	약 1,800만 원	약 7,200만 원

50세 이후, 늦었지만 아직 늦지 않은 7가지 이유

① 50~55세는 '현실을 가장 명확히 보는 시기'다. 소득, 지출, 연금 구조가 보이기 때문에 계획 수립에 최적의 시점이다.

② 국민연금은 50~55세에 가장 큰 전략 조정이 가능하다. 연기 수령 여부, 가입 기간, 추후 납부 등 바꿀 수 있는 요소가 많다.

③ IRP는 50세 이후에 구조를 잡는 것이 가장 유리하다. 퇴직금이 들어오기 직전이기 때문에 '받기 전 설계'가 가능하다.

④ 연금저축·보험은 10~15년만 있어도 보완력이 크다. 50대에 가입해도 은퇴까지 충분히 효율적으로 쌓인다.

⑤ 복리는 '돈의 크기'보다 '시간의 길이'가 더 중요하다. 15년은 결코 짧은 시간이 아니다.

⑥ 50대는 지출 구조 조정이 가능해 '남는 돈'이 생기는 시기다. 아이 교육비 감소, 대출 상환 등 현금흐름이 바뀌는 시점이다.

⑦ 50세는 뒤늦게라도 움직이면 '남은 40년'을 바꿀 수 있는 마지막 골든타임이다.

· 각 연금별 공부를 위한 준비 ·

1. 국민연금: '내 연금의 구조'를 이해하기 위한 기초자료 모으기

① 국민연금공단 홈페이지에서 내 가입이력 확인

② '내가 실제로 총 몇 년을 납부했는지' 확인

③ 국민연금 관련 주요 용어 정리

- 가입기간
- A값(전체 평균소득)
- B값(나의 평균소득)
- N값(납입개월 수)
- 연기·조기 수령 개념

2. IRP: '퇴직금이 연금이 되는 과정'을 이해하기 위한 구조 정리하기

① 현재 보유 중인 IRP 계좌가 어디인지 적기 _______

② IRP 메뉴에서 볼 수 있는 항목을 간단히 정리

- 적립금 _______원
- 퇴직금 입금 구조 __________
- 연금 개시 나이 ___세

③ IRP의 세 가지 기능

- 세금 이연
- 장기 보관
- 연금 수령

③ IRP 관련 공식 Q&A 페이지 저장

④ IRP에서 궁금한 점 3가지 적어두기

· 퇴직금은 언제 들어오지?

· 연금으로 받으면 세금은 어떻게 달라지지?

· 계좌는 여러 개여도 되나?

3. 연금저축: '세액공제와 연금 구조'를 이해하는 준비하기

① 내가 가입한 연금저축 확인

· 금융사 _______

· 상품명 _______

· 납입금액 _______원

· 적립금 _______원

② 연금저축의 '혜택과 제한' 정리

· 세액공제

· 세율

· 5년 이상 유지

· 55세 이후 수령

③ '연금저축으로 무엇을 기대해야 하는가?'

→ 세금 줄이고, 빈틈을 채우는 보완

4. 연금보험: '비과세 구조'와 '종신 지급' 개념 정리하기

① 가입한 연금보험 확인

· 가입연도 ____

· 비과세 요건 ____

· 개시 연령 ____

② '종신형·확정형' 차이

③ 연금 통합 노트: 앞으로 모든 장의 기반이 되는 노트 만들기

- 노트 첫 페이지에 아래 네 가지 항목의 칸을 만들고 현재 상태와 궁금한 점을 적는다.

항목	현재 상태	궁금한 점 / 공부할 주제
국민연금		
IRP		
연금저축		
연금보험		

5. '은퇴 15년 타임라인'을 그리기

나이에 맞춰 주요 은퇴 이벤트를 적는다.

- 50세: 연금 공부 시작
- 55세: 퇴직 예정
- 60세: 국민연금 조기 수령 가능
- 65세: 국민연금 기본 수령
- 70세: 연기 수령 옵션

6. 연금 상담을 위한 질문 준비하기

전문가를 만나기 전 나에게 가장 절실한 질문을 미리 적어두면 상담사와 이야기할 때 훨씬 정확한 설계가 가능해진다. 예를 들면 다음과 같다.

- 부족분 120만 원은 어떻게 채울까요?
- 퇴직금 2억을 IRP로 받으면 얼마나 늘어날까요?
- 연기 수령이 나에게 맞는가요?
- 연금저축은 어느 정도까지 쌓아야 하나요?
- 건강보험료 영향은 어떻게 보나요?

연금박사상담센터 이야기

노인 인구 1천만 시대, 안정적인 노후를 위해 연금의 중요성이 어느 때보다도 더 커지고 있다. 이런 상황에서 국민들이 연금에 대해 물어보고 종합적인 상담을 받을 수 있는 곳이 대한민국에 있을까?

안타까운 일이지만 거의 찾아볼 수 없다. 국민연금공단, 증권사, 보험사 등 각각의 기관과 금융회사에 방문해 단편적으로 상담할 수는 있지만 종합적인 상담은 어렵다. 그래서 필자가 2022년에 '연금박사상담센터'를 오픈했다.

연금박사상담센터는 2026년 현재, 대한민국에서 연금에 대해 종합적인 상담을 통해 가장 효과적인 연금 포트폴리오를 수립해주는 거의 유일무이한 회사다. 국민연금부터 퇴직연금, 개인연금, 주택연금에 이르기까지 연금에 대한 종합적인 상담을 무료로 받을 수 있다. 연금상담전문가(CPE) 자격을 갖춘 20여 명의 연금 전문가가 근무하고 있으며, 1대1 대면 상담을 통해 체계적이면서 객관적인 상담을 제공하고 있다.

조만간 대한민국에 더 많은 연금상담센터가 생겨서 국민들이 손쉽게 연금 상담을 받고 더 행복한 노후를 준비할 수 있는 시대가 오길 바란다.

☎1800-3624

chapter 4

부족한 생활비
120만 원의 의미

퇴직금으로 오피스텔을 사려던 생각이 세후 수익 계산 앞에서 무너진 지 며칠이 지났다. 친구 박 부장을 만나 "50세는 늦었지만 늦지 않은 시기"라는 말을 들으며 조금은 마음이 편해졌지만 불안이 완전히 사라진 것은 아니었다.

'그래서 나는 앞으로 정확히 어떻게 해야 하지? 얼마가 부족한 거지?'

막연한 숫자들이 김부장의 머릿속에서 끝없이 떠다녔다. 엑셀을 켜봤지만 뭘 입력해야 할지 몰라 머리가 하얘졌고, 검색해보자니 정보가 너무 많아 무엇이 맞는지조차 판단하기 어려웠다. 그때 문득 떠올랐다.

"그래, 전문가에게 물어보자."

회사 근처의 상담센터 유리문 앞에는 '연금 설계 상담'이라는 문구가 붙어 있었다. 조심스레 문을 열자, 긴장을 녹여주는 따뜻한 조명과 은은한 커피 향이 그를 맞이했다. 마치 단골 카페에 온 듯한 편안한 분위기 속에서 차분한 목소리의 상담사가 안내를 시작했다.

"김부장님, 어서 오세요. 요즘 50대 분들이 가장 먼저 확인하러 오시는 게 바로 '나는 무엇이 부족한가'에 대한 답입니다."

상담사의 말에 김부장은 고개를 끄덕였다. "부족한 게 뭔지… 그 말이 가슴에 콕 박히네요." 그는 자리에 앉아 노트북을 켠 상담사의 시선을 따라갔다. 상담사는 익숙한 손놀림으로 김부장의 현재 연금 자산을 세 가지로 분류했다. 국민연금, 퇴직연금(IRP), 그리고 개인연금이었다.

김부장은 말했다.

"국민연금은 145만 원 정도 예상되고요. 퇴직금은 2억 정도 받을 것 같습니다. 연금저축에는 매달 30만 원씩 넣고 있어요."

김부장이 조심스럽게 꺼내놓은 숫자들이 상담사의 계산기를 거쳐 모니터 위에 하나로 합쳐졌다. "현재 기준으로 보면, 김부장님의 은퇴 후 월 예상 연금은 약 280만 원입니다."

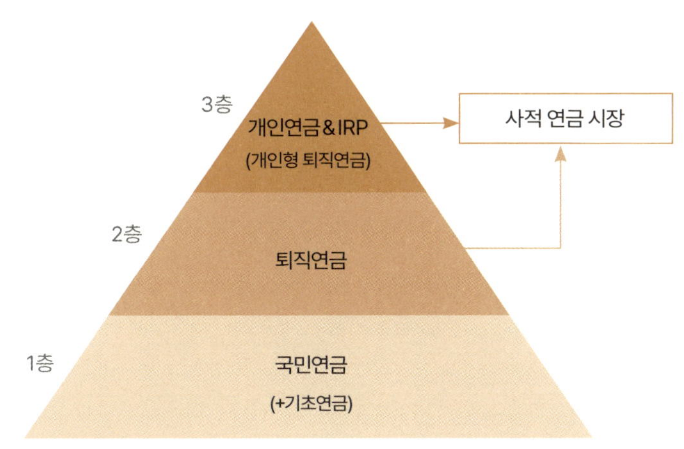

김부장의 은퇴 후 예상 현금흐름(현재 기준)

항목	월 예상 수령액	개시 시점	비고
국민연금	145만 원	65세	공적연금
IRP	약 86만 원	55세	2억, 30년 분할, 연수익률 3% 가정
연금저축	약 48만 원	55세	월 30만 원, 20년 납, 30년 분할 기준
합계	약 279만 원	-	-

"그럼… 나쁘진 않은 거 아닌가요?" 280만 원이라는 숫자가 의외로 든든하게 느껴져 김부장이 되물었다. 하지만 상담사는 조용히 질문을 던졌다. "한 달 생활비는 어느 정도로 예상하시나요?"

잠시 머릿속으로 아파트 관리비와 식비, 경조사비를 가늠해 보던 김부장이 답했다. "한 400만 원 정도요." 대답과 동시에 상담사의 손가락이 다시 움직였고, 모니터 위에는 그래프 하나가 떠올랐다.

생활비 400만 원 – 예상 연금 280만 원 = 월 부족분 120만 원

120만 원 × 12개월 × 30년 = 총 4억 3,200만 원

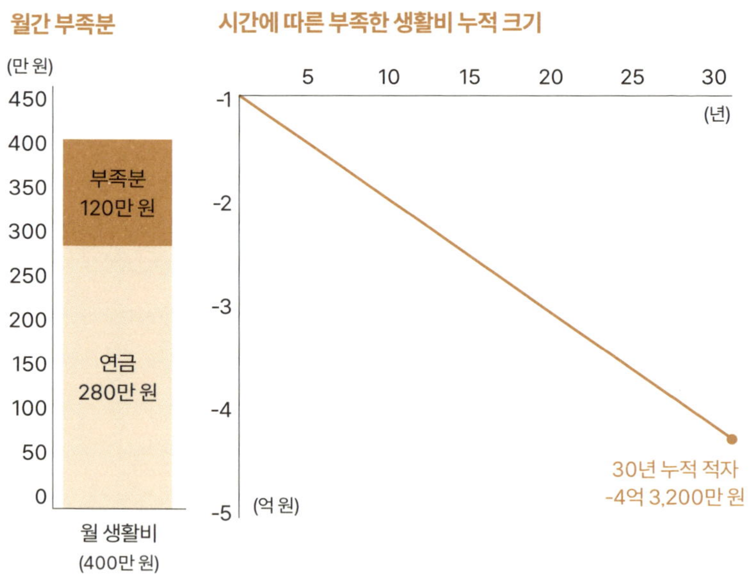

"매달 부족한 120만 원이 은퇴 후 30년간 누적되면 4억 3,200만 원이라는 거대한 구멍이 됩니다."

4억 3,200만 원. 그 숫자를 보는 순간 김부장은 등받이에 몸을 깊숙이 파묻으며 한숨을 내쉬었다. 괜찮을 거라 애써 다독였던 믿음이 사라지는 순간이었다. 하지만 상담사는 침울해진 그를 부드럽게 위로했다.

"이제 막연한 걱정이 명확한 숫자가 된 겁니다. 이 120만 원은 극복하지 못할 벽이 아니라, 우리가 지금부터 '채워야 할 숙제'일 뿐이에요. 중요한 건 이 빈틈을 무엇으로 채울 것인가 하는 전략이죠."

김부장은 멍하니 모니터 속 숫자들을 바라보았다. 그동안 가슴을 짓누르던 것은 '돈이 없다'는 사실보다 '얼마가 필요한지 모른다'는 막막함이었다.

'그래, 이제라도 알아서 다행이다. 목표가 정해졌으니, 이제는 어떻게 채울지만 고민하면 되겠구나.' 김부장의 가슴 속에 희망이 싹트기 시작했다.

· 부족분 120만 원을 채우기 위한 준비 5단계 ·

1. 부족분 120만 원을 3개의 항목으로 나누어 구조화하기

- 국민연금(기본소득, 평생 수령)
- IRP(퇴직금 분할 수령 구조)
- 연금저축·연금보험(보완 축)

2. 55~65세 '공백 구간'의 생활비를 따로 계산해두기

- 국민연금 수령 전 10년
- IRP·연금저축으로 메울 금액 추정 → 공백 구간이 가장 중요함

3. 연금저축·IRP의 개시 시점을 '시나리오 형태'로 적어두기

- 시나리오 A: 55세부터 65세까지 IRP에서 퇴직금을 인출해서 사용한다.
- 시나리오 B: 수령 시점을 최대한 늦춰(예: 70세) 고령자 연금소득세율(3%)을 적용받는다.
- 그외 다른 시나리오도 충분히 고민한다.

4. 부족분 120만 원을 채울 수 있는 '나만의 조합' 찾기

- IRP에서 퇴직금 30년 분할 수령 + 연금보험 월 60만 원 적립하기
- IRP에서 퇴직금 20년 분할 수령 + 연금저축 또는 IRP 월 50만 원 적립하기

5. 다음 상담을 위한 질문 메모해두기

- 퇴직금 2억을 20년/25년/35년으로 나누면 월 얼마인가요?

- 국민연금 연기 수령이 제 상황에 유리한가요?

- 55~65세 공백기는 어떻게 메우나요?

- 연금저축과 IRP 비중은 어떻게 구성하나요?

- 건강보험료는 어떻게 영향을 미치나요?"

chapter 5

매달 얼마를 넣어야,
필요한 만큼 받을 수 있을까?

주말 아침. 창밖 햇살이 부엌을 비추고 있었지만, 김부장의 머릿속은 여전히 흐렸다. 며칠 전 상담센터에서 들었던 말이 꾹 눌린 돌처럼 마음 한편에 남아 있었다.

"생활비 400만 원 기준, 현재 연금 280만 원. 부족분 120만 원입니다."

"120만 원이면… 1년에 1,440만 원. 30년이면 거의 4억 3천만 원인데…"

계산기 위에 떠워진 숫자를 다시 곱해 보는 동안 묵직한 한숨이 새어 나왔다. 하지만 이내 정신을 가다듬고 노트를 펼쳤다. 그는 스스로에게 가장 현실적인 질문을 노트에 적었다.

'그래서 매달 얼마를 더 넣어야 이 부족분을 메울 수 있을까?'

노트 위에 엑셀 시트처럼 칸이 그려지고 숫자들이 채워지기 시작할 무렵, 부엌에서 은은한 커피 향이 풍겨왔다. 아내가 머그잔 두 개를 들고 다가와 자연스럽게 옆자리에 앉았다.

"여보, 오늘은 숫자랑 씨름하는 날인가 봐요?"

김부장은 노트를 아내 쪽으로 밀어 보였다. "응. 상담을 받아봤더니 우리 노후 구조로는 월 120만 원이 부족하대."

아내의 눈이 휘둥그레졌다. "120만 원요? 매달?"

"응, 매달."

잠시 정적이 흘렀다. 커피 향마저 얼어붙은 듯한 짧은 침묵 끝에 아내가 핵심을 꿰뚫는 질문을 던졌다. "그럼 우리는 이제부터 매달 얼마를 넣어야 걱정 없이 살 수 있을까요?"

김부장은 상담사의 조언을 떠올리며 차분히 설명했다. "국민연금이나 IRP는 앞으로 우리가 더 공부해야 할 문제야. 하지만 지금 우리 손으로 할 수 있는 건 저축으로 어느 정도를 만들 수 있냐지."

먼저 '월 30만 원'부터 시뮬레이션을 돌려보았다.

- 월 30만 원 저축의 힘(15년 적립, 연 4% 가정)
  - 총 납입액: 5,400만 원

- 15년 뒤 예상 적립금: 약 7,400만 원

- 월 연금 수령액: 약 45만 원(20년 지급 기준)

월 저축액에 따른 15년 후 예상 연금(연 4%)

월 추가 저축액	15년 총 납입액	15년 후 적립 예상금액	예상 월 연금 (20년 기준)	부족분 120만 원 대비 채움 비율
30만 원	5,400만 원	약 7,400만 원	약 45만 원	약 37%
50만 원	9,000만 원	약 1억 2,300만 원	약 75만 원	약 62%
70만 원	1억 2,600만 원	약 1억 7,200만 원	약 104만 원	약 86%
100만 원	1억 8,000만 원	약 2억 4,600만 원	약 149만 원	약 124%

월 저축액별 연금 지표 비교

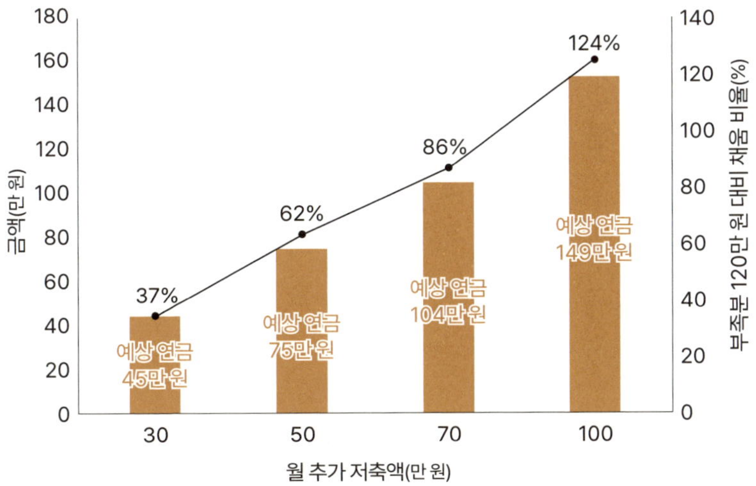

"매달 30만 원을 넣으면 나중에 45만 원을 돌려받는다고요?" 아내가 놀란 듯 되물었다.

김부장은 고개를 끄덕이며 덧붙였다. "복리의 힘이지. 15년 동안 꾸준히만 하면 충분히 가능한 숫자야. 그래서 내가 금액대별로 한번 계산해봤어."

아내는 표를 들여다보며 크게 숨을 들이켰다. "여보, 우리가… 진짜로 부족분의 절반 이상을 저축만으로 채울 수 있네요."

"맞아." 김부장이 확신에 찬 목소리로 답했다. "지금 이 단계에서 중요한 건 국민연금도, 복잡한 금융상품도 아니야. 우리가 오늘부터 당장 얼마를 저축할 수 있는가, 그게 핵심이야."

"그럼 우리는 부족분 120만 원 중에서 일단 30만~70만 원 정도를 저축으로 직접 만들면 되는 거네요?"

"그래. 120만 원이라는 거대한 산을 한 번에 넘으려 할 필요 없어. 우리가 만들 수 있는 첫 번째 축부터 세우는 거야."

김부장은 노트 한쪽에 이렇게 적었다.

- **목표 부족분**: 120만 원
  - 1차 **목표**(직접 만들 금액): 월 30만~70만 원 이상
  - 기간: 15년
  - 방법: 월 50만, 70만, 100만 원 중 가계 형편에 맞춰 유동적으로 선택

아내는 조심스레 말했다. "생각보다 할 수 있는 일이 많네요. 120만 원이 너무 크게 느껴졌는데 나눠 보니까 우리가 해야 할 일이 보이네."

김부장은 미소를 지으며 말했다. "맞아. 노후는 누가 대신 만들어주지 않아. 우리가 함께 만들어가는 거야."

· 개인 저축을 만드는 5단계 ·

1. 부족분 120만 원 중 '직접 만들 금액'을 먼저 정하기

30만 원 / 50만 원 / 70만 원 / 100만 원

2. 월 납입 가능액을 부부 기준으로 합의하기

- 30만 원 = 최소 목표
- 50만 원 = 기본 목표
- 70만~100만 원 = 적극적 목표

체크포인트

> 부부가 합의한 금액이 '지속성'을 만든다.

3. 15년 적립 시 예상 월 연금 표(69쪽)를 기준으로 목표 설정하기

"지금의 월 50만 원 = 미래의 월 75만 원"이라는 구조를 체득한다.

4. 저축 여력을 만들기 위해 가계 고정비를 점검하기

- 통신비: 결합 할인 및 알뜰폰 요금제 전환을 통해 가족 전체의 통신 비용을 최적화한다.
- 보험료: 중복 보장이나 과다한 특약을 정리하는 '보험 다이어트'를 실시한다. 보장은 유지하되 매몰되는 비용은 최소화한다.

- 차량 및 구독 서비스: 이용 빈도가 낮은 정기 구독 서비스나 과도한 차량 유지비를 점검한다.
- 목표: 여기서 절감한 10만~30만 원은 곧바로 연금 재원으로 전입시킨다. 이는 내 주머니에서 나가는 돈이 아니라, 시스템이 만들어준 연금이다.

5. '자동이체 시스템' 구축으로 개인연금의 첫 번째 축 완성하기

- 금액: 50만 / 70만 / 100만 원
- 목적: 개인연금 축 확보
- 기간: 10~15년

숫자를 현실로,
연금 포트폴리오

"연금은 단순한 금액이 아니라 내 삶의 구조였다"

국민연금 36% 늘리는 방법

퇴근길 버스 창가. 비에 젖은 도로 위로 자동차 불빛이 번져 보였다. 하루의 피로가 밀려오는 늦은 저녁, 김부장의 머릿속은 묘하게 복잡했다.

'내가 국민연금을 20년 넘게 냈는데… 정년 후에 그 돈으로 정말 살 수 있을까?'

그는 습관처럼 휴대폰을 꺼내 '내 곁에 국민연금' 앱을 켜서 [예상연금액 조회] 버튼을 눌렀다.

- 총가입기간: 240개월

- 개시 시점: 65세

- 예상 수령액: 145만 2천 원

숫자를 보는 순간, 얼마 전 상담센터에서 들은 조언이 떠올랐다. "국민연금은 든든한 기초입니다. 하지만 그건 보통 '생활비의 절반' 정도만 책임질 뿐이죠."

김부장은 버스에서 내려 집으로 걸으며 통계청의 자료를 찾아보았다.

65세 이상 2인 가구 생활비(2025년 기준)

구분	최소 생활비	적정 생활비	여유 생활비	김부장 예상 연금
월평균	220만 원	300만 원	400만 원	145만 원

"145만 원이면… 적정 생활비의 절반도 안 되네."

국민연금 하나만으로는 은퇴 후 생활의 기둥이 되기 어렵다는 것이 서서히 실감되기 시작했다.

며칠 뒤, 김부장은 상담센터를 다시 찾았다.

"상담사님, 국민연금만으로는 도저히 답이 안 나옵니다. 너무 부족해요."

　김부장의 토로에 상담사는 노트북 화면을 돌려 보이며 차분히 답했다.

　"맞습니다. 국민연금은 어디까지나 '기본소득'이에요. 은퇴 생활비의 40~50%를 담당하는 든든한 바닥이죠. 그래서 나머지는 IRP와 개인연금이라는 층을 쌓아 부족한 부분을 채워야 합니다. 하지만 김부장님, 지금 우리가 할 수 있는 가장 강력한 전략이 하나 더 있습니다."

　김부장은 고개를 바짝 당겨 물었다. "그게… 수령 시기를 늦추는 연기연금인가요?"

　상담사는 모니터 화면에 개시 시점별 수령액 비교표를 띄우며 차분히 설명했다.

　"조금 일찍 받으려다 평생 매달 43만 원을 손해 보느냐, 5년을 견디고 평생 52만 원을 더 받느냐의 차이입니다. 노후 자금이 부족할수록 이 '지연 전략'은 훨씬 강력해집니다."

개시 시점에 따른 김부장의 국민연금 수령액 변화

개시 연령	월 수령액	증감률	특징
60세(조기)	102만 원	-30%	감액된 금액을 평생 지급
65세	145만 원	—	기준
70세(연기)	197만 원	+36%	평생

조기 수령이 손해인 이유	연기 수령이 유리한 이유
• 1년 조기 수령할 때마다 6%씩 감액됨 　※ 일정소득금액 이하일 때만 신청 가능	• 1년 연기할 때마다 7.2% 증가
	• 5년 연기 시 +36%
• 감액된 금액으로 평생 지급	• 오래 살수록 유리
• 오래 살면 살수록 손해폭 확대	• 부족한 노후 생활비를 가장 안정적으로 보강

김부장은 표 속의 숫자를 손으로 짚어보며 스스로 결론을 내렸다.

"연기해야겠네요. 70세부터 197만 원… 이 숫자라면 우리 노후의 절반을 확실히 책임져주겠어."

그런 김부장을 바라보며 상담사는 마지막으로 조언했다.

"김부장님, 연기연금 전략은 지금 가진 연금을 '늦게 받아서 더 크게 받는' 방식입니다. 앞으로 IRP와 개인연금으로 55~70세 사이 공백을 메우면 70세부터는 든든한 생활이 가능하죠. 국민연금은 금액이 아니라 '지속성'으로 노후를 지켜주는 제도라는 점을 잊지 마세요."

버스 창밖으로 스쳐 지나가는 불빛을 바라보며 김부장은 마음속 노트를 새로 썼다.

김부장이 88세까지 생존한다면 뭐가 더 유리할까?

개시	총 수령액	특징
60세 조기 수령	약 3억 4천만 원	조기인데 총액은 가장 적음
65세	약 4억 원	기준 연금액
70세 연기 수령	약 4억 3천만 원	오래 살수록 늘어남

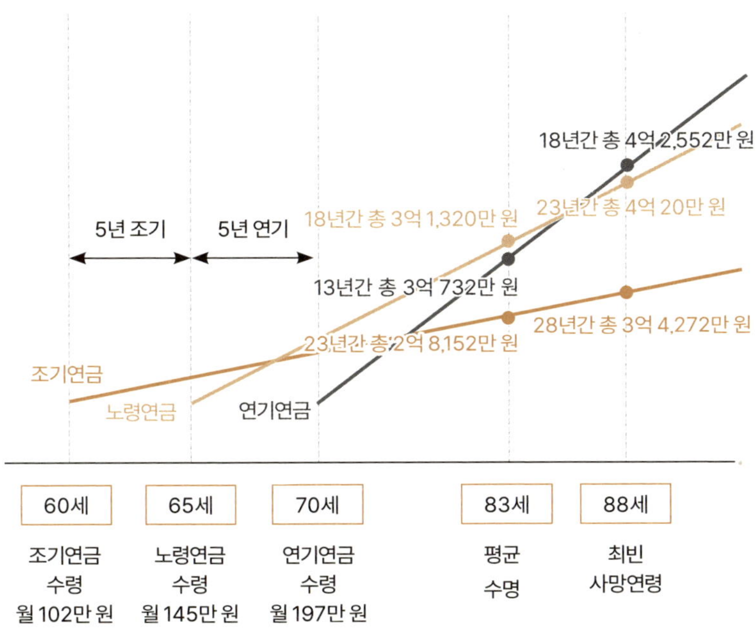

※물가상승률 제외

- 국민연금: 70세 연기 수령 확정 검토

- 목표 수령액: 월 197만 원

- 역할: 노후 생활비의 절반을 책임지는 기둥

- 앞으로 해야 할 일: 55~70세 사이의 공백을 메울 것

그는 조용히 중얼거렸다. "그래… 국민연금은 내 편이 맞아. 다만 내가 제대로 '받을 준비'를 하지 않았을 뿐이었어."

· 국민연금 수령 최적화 전략 ·

1. '내 곁에 국민연금' 앱에서 다음 항목 확인하기

- 예상 수령 개시 나이
- 연기 시 증가액
- 조기 시 감액액

2. 개시 시점별 연금액 확인하기

수령 시기에 따른 연금액 변화(김부장 사례 기준)

수령 방식	개시 연령	예상 월 수령액	증감률
조기연금	60세	약 102만 원	30% 감액
노령연금	65세	약 145만 원	기준액
연기연금	70세	약 197만 원	36% 증액

체크포인트

본인 상황에 맞게 계산 후 저장한다.

3. '조기 수령' 금지 체크리스트

아래 항목 중 하나라도 해당된다면, 조기 수령을 하지 않는 것이 좋다.

☐ 은퇴 후에도 근로소득이나 사업소득이 발생할 가능성이 있는가?(일정 금액 초과 시 추가 감액 위험)

☐ 특별한 기저 질환이 없으며 가족력상 기대 수명이 평균 이상인가?

☐ IRP나 개인연금 등을 통해 60~65세 사이의 소득 절벽을 메울 수 있는가?

☐ 배우자의 국민연금이 있는가?

4. 연기연금에 적합한지 판단하기

다음 조건에 많이 부합할수록 70세 연기 수령이 유리하다.

• 연금 부족분이 클 때

• 은퇴 후 60~70세 소득 설계 가능할 때

• 오래 사는 편(가족력 포함)

• 자녀 지원 부담 적음

• 연금 수령 시 월급이 약 620만 원 이상 발생할 것으로 예상(감액조건)

5. 전문가 상담 시 반드시 던져야 할 질문

• 제 상황에서 연기 수령이 유리한가?

• 연기 시 예상 실수령액은?

• IRP·개인연금과 함께 설계하면 어떤 구조가 되는가?

• 건강보험료 부담은 어떻게 달라지는가?

• 부부 합산 시 최적의 개시 시점은 언제인가?

김부장의 연금 포트폴리오(연기연금 포함)

구분	개시 연령	월 수령액	특징
국민연금 (연기 수령)	70세	197만 원	65 →70세(연기연금), 36% 증액
연금저축	55세	48만 원	월 30만 원, 20년 납, 30년 분할 기준
총합(70세 이후)	70세	245만 원	노후 기본 현금흐름 완성

chapter 7

퇴직금 2억 원을
월 86만 원으로

퇴근길 지하철 안, 차창에 비친 자신의 얼굴을 보며 김부장은 문득 한 숫자를 떠올렸다. '2억 원'. 평생을 일한 대가로 손에 쥐게 될 퇴직금이다. 꽤 큰돈이라 생각했지만, 국민연금 연기 전략을 세우고 나니 이 돈의 쓰임새가 더 중요해졌다.

'근데 이 돈, 그냥 받으면 세금은 얼마나 떼려나?'

막연한 질문이었지만, 그것은 퇴직금 설계에서 가장 먼저 확인해야 하는 물음이었다.

며칠 뒤, 상담센터를 다시 찾은 김부장에게 상담사는 기다렸다는 듯 모니터를 돌려 보여주었다.

"김부장님, 퇴직금을 어떻게 받을지 결정하기 전에 먼저 퇴직소득세가 얼마나 되는지 정확히 알아야 합니다."

퇴직소득세 계산(근속 25년, 퇴직금 2억 원 기준)

항목	수치
근속연수	25년
퇴직금	2억 원
실효세율	3.9%
퇴직소득세	780만 원

"일시금으로 받으시면 퇴직금을 손에 쥐는 순간 780만 원을 바로 납부하셔야 합니다." 상담사의 말에 김부장의 미간이 좁아졌다. "780만 원이라니⋯ 한 달 월급보다 큰돈이 한순간에 날아가네요."

"맞습니다. 하지만 이 돈을 IRP(개인형 퇴직연금) 계좌로 옮겨 연금으로 나누어 받으면 이야기가 달라집니다. 세금이 390만 원으로 줄어들거든요. 가만히 앉아서 390만 원을 버는 셈이죠."

퇴직금 수령기간에 따라 세금은 어떻게 달라질까?(퇴직금 2억 원/근속 25년 기준)

구분	세율	세액	비고
일시금 수령	3.9%	780만 원	즉시 과세
연금 수령(10년 이하)	2.7%	546만 원	30% 감면
연금 수령(10년 초과)	2.3%	468만 원	40% 감면
연금 수령(20년 초과)	1.9%	390만 원	50% 감면

근속연수·퇴직금 규모별 실효세율 참고표

구분	5천만 원	1억 원	1.5억 원	2억 원	2.5억 원	3억 원	5억 원	10억 원
5년	4.7%	10.4%	14.8%	17.9%	19.9%	21.3%	24.6%	28.0%
10년	1.5%	4.3%	7.1%	9.8%	12.1%	14.3%	19.6%	24.5%
15년	0.7%	2.4%	4.0%	5.8%	7.6%	9.5%	15.3%	21.7%
20년	-	1.2%	2.7%	3.9%	5.0%	6.6%	11.7%	19.3%
25년	-	0.8%	1.5%	2.8%	3.7%	4.5%	9.1%	17.0%
30년	-	0.3%	1.1%	1.9%	2.9%	3.6%	7.1%	14.9%
35년	-	-	0.7%	1.2%	2.1%	2.9%	5.8%	12.8%

※ 해당 표는 참고용(지방세 포함)이며, 1.퇴직소득금액과 2.근속연수에 따라 세율이 결정
됩니다.

출처: 국세청홈덱스 세금모의계산(개정 반영)

줄어드는 돈에서 '흐르는 돈'으로

"퇴직금을 IRP로 받으면 세금을 최대 50%까지 아낄 수 있습니다. 하지만 부장님, 진짜 중요한 건 세금보다 '돈의 성격'이 변한다는 점입니다."

상담사는 두 단어를 적었다. '일시금' 그리고 '현금흐름'.

"일시금은 받는 순간부터 줄어들기 시작합니다. 큰돈이 통장에 있으면 심리적으로 느슨해지기 마련이고, 3년에서 10년이면 바닥을 드러내죠. 하지만 IRP 분할 수령은 퇴직금을 다시 '월급'으로 만드는 작업입니다. 30년 이상 끊기지 않고 흐르는 구조를 만드는 것이 핵심이죠."

김부장은 고개를 끄덕였다. "결국 퇴직금은 목돈이 아니라 월급이어야 한다는 말씀이군요."

그렇다면 매달 구체적으로 얼마를 받을 수 있을까? 김부장의 55세 이후를 가정한 시뮬레이션 결과가 화면에서 보여주었다.

퇴직금 2억 IRP 분할 시 월 수령액(연 3%, 세전 기준)

기간	월 수령액	특징
20년	약 112만 원	크지만 금방 끝남
25년	약 98만 원	균형형
30년	약 86만 원	장기 안정성 최고 O

김부장은 한참 동안 숫자를 곱씹었다. "70세부터 국민연금 197만 원이 나오고, 여기에 IRP로 86만 원을 보태면… 매달 약 283만 원의 고정 수입이 생기는 거네요?"

막연했던 노후가 이제는 안갯속에서 빠져나와 선명한 지도로 변하고 있었다.

상담센터를 나서는 길, 김부장의 발걸음은 퇴근길 지하철에서 보다 훨씬 가벼웠다. '그래, 2억 원은 한 번에 써버릴 뭉칫돈이 아니었어. 30년 동안 나를 지켜줄 두 번째 월급이었지.'

그는 수첩을 꺼내 오늘의 결론을 적었다.

- 전략: 퇴직금 전액 IRP 계좌 이체 후 분할 수령

- 기간: 30년

- 목표: 세후 월 86만 원 이상의 현금흐름 창출

- 효과: 세금 390만 원 절감 및 70세 이후 월 283만 원 소득 구조

· 퇴직금을 '월 86만 원'으로 만드는 현실적인 5단계 ·

1. 나의 '퇴직소득세'부터 정확히 확인하기

퇴직금 설계는 무조건 세금 확인이 첫 번째다.

- 근속연수
- 예상 퇴직금
- 실효세율
- 일시금 수령 시 세액(예: 780만 원)

이 숫자를 알아야 연금 수령 시 30~50% 감면 효과가 정확히 보인다.

2. 퇴직금은 '무조건 IRP로 들어온다'는 사실을 이해하기

퇴직금은 법적으로 IRP로 입금된다. 선택할 수 있는 것이 아니다. 일시금을 수령하는 것도 IRP로 입금된 후 다시 본인 계좌로 출금하는 방식이다. 즉, IRP는 반드시 개설되고, 문제는 어떻게 받느냐이다.

3. IRP에서 얼마의 기간 동안 받을지 생각해보기 ________ 년

분할 기간은 정해져 있지 않다. 내가 필요한 기간만큼 얼마든지 변경 가능하다.

- 장기 안정성 필요 → 30년
- 월 금액을 조금이라도 높이고 싶으면 → 20~25년

4. IRP를 '연금 수령'으로 전환해야 세금 감면이 적용된다

· 연금 수령 전환 = IRP에서 '연금 개시 신청'

· 10년 초과 분할 시 세액 30~50% 감면 자동 적용

즉, "연금으로 받겠다" 체크하는 순간 세금은 자동 감면된다.

5. 국민연금 연기(70세) + IRP 월 86만 원 조합표 만들기

본인의 은퇴 구조를 '월 단위 현금흐름'으로 만들어본다.

· 국민연금(70세): 197만 원

· IRP(30년): 86만 원

→ 70세 이후 월 283만 원 기본 구조 확보

이 표가 만들어지는 순간 퇴직금은 '목돈'이 아니라 노후의 두 번째 월급이 된다.

김부장의 연금 포트폴리오(국민연금 연기 + IRP + 연금저축)

구분	개시 연령	월 수령액(세전)	특징
국민연금 (연기 수령)	70세	197만 원	65→70세(연기연금), 36% 증액
IRP (퇴직금형, 30년 분할)	55세	86만 원	2억 원 기반, 연수익률 3%
연금저축 (세액공제형)	55세	48만 원	월 30만 원, 20년 납, 30년 분할 기준
총합 (70세 이후)	70세	331만 원	김부장 기본 월 소득 구조

chapter 8

월 20만 원 늘려주는
TDF의 마법

퇴근 후 카페 창가. 김부장은 노트북 앞에 앉았다. 퇴직금 2억 원이 월 86만 원의 '두 번째 월급'이 될 수 있다는 사실은 알았지만, 막상 그 돈을 어떻게 굴려야 할지 고민에 빠졌다.

'예금, 채권, 펀드, ETF… 이 많은 것 중에 대체 뭘 골라야 하는 거지? 자칫해서 원금이라도 까먹으면 어떡하지.'

그때 상담사가 했던 말이 뇌리를 스쳤다. "부장님, 퇴직금은 금고에 가둬두는 돈이 아닙니다. 노후 30년 동안 당신을 대신해 일해야 하는, 살아 있어야 하는 돈입니다."

며칠 뒤 다시 찾은 상담센터에서 김부장은 조심스럽게 속내를

털어놓았다. "상담사님, 그냥 속 편하게 예금에만 넣어두면 안 될까요? 원금 손실 걱정 없이 3% 정도면 괜찮을 것 같은데요."

상담사는 빙그레 웃으며 표 하나를 꺼내 보였다.

IRP 운용 방식별 월 수령액(퇴직금 2억, 30년 분할)

운용 방식	연 수익률	월 수령액	특징
예금형	3.0%	86만 원	안전하지만 성장 없음
채권형	3.5%	90만 원	예금보다 우위, 물가 방어 한계
TDF형	4.0%	96만 원	자동 비중조절, 기본형
자산배분형(적극)	5.0%	107만 원	복리 효과 극대화

"같은 2억 원이라도 예금으로 두면 86만 원, 운용을 통해 5%를 만들면 107만 원이 나옵니다. 1% 수익률 차이가 월 10만 원 차이로 이어지고, 30년이면 3,600만~7,200만 원 차이가 나죠."

상담사는 김부장에게 IRP 내부의 상품 구조부터 설명하기 시작했다.

예금형

원금은 100% 지켜 안전하지만, 장기 은퇴 자금으로는 수익률이 부족하다. 연 2% 수준의 물가 상승을 고려하면 실질 수익률은 1% 남짓이며, IRP의 월 수령액이 86만 원대로 떨어진다. '지금의

86만 원'이 20년 뒤에는 '실질 가치 58만 원대'로 떨어지는 셈이다. 안전한 방식이 아니라 '가치가 줄어드는 방식'이다.

채권형

비교적 안전하고 예금보다 약간 높은 수익을 기대할 수 있지만, 금리 환경에 민감하며 시장 위기 시 자산 방어력에 한계가 있다.

주식형

장기 수익률이 가장 높다. 하지만 변동성이 크고 IRP 전액 주식형은 부담될 수 있다.

ETF

운용 보수가 매우 낮고 투명하지만, 매수·매도 타이밍과 리밸런싱을 스스로 판단해야 한다. 30년이라는 장기 운용에서 난도가 높다.

TDF(Target Date Fund)

은퇴 시점을 기준으로 주식과 채권 비중을 시스템이 알아서 조절해준다. 투자에 신경 쓸 시간이 없는 직장인에게 가장 최적화된 '자동 항해 구조'다.

자산분배형

주식, 채권, 리츠 등 성격이 다른 여러 자산에 분산 투자해 시장이 흔들려도 전체 자산의 변동성을 낮게 유지한다. 시장 상황에 맞춰 비중을 능동적으로 조절하므로, 퇴직금의 가치를 지키며 연 5% 내외의 안정적인 복리 수익을 쌓기에 적합하다.

TDF와 자산배분형 비교하기

TDF: 나이가 들수록 위험을 줄여주는 시스템

상담사는 김부장이 가장 관심을 보인 TDF의 작동 원리를 상세히 설명했다.

"TDF(Target Date Fund)는 '내 은퇴 시점'을 기준으로 주식과 채권 비중을 자동으로 조정하는 펀드입니다. 즉, 시간에 따라 위험을 자동으로 줄여주는 시스템입니다. 핵심은 '글라이드 패스(Glide Path)'입니다. 비행기가 착륙하듯, 은퇴 시점이 다가올수록 위험 자산인 주식 비중을 줄이고 안전 자산인 채권 비중을 높여 수익을 확정 짓는 방식이죠."

글라이드 패스의 작동 원리

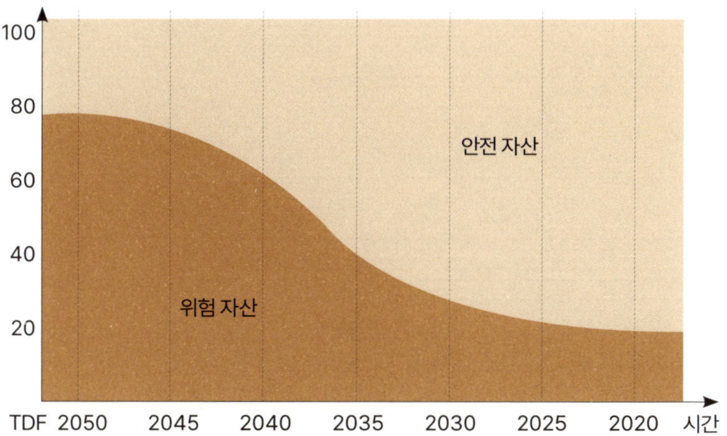

나이에 따른 TDF 권장 연도 (TDF = Target Date Fund, 연도는 '은퇴 시점 기준 연도')

현재 나이	은퇴 시점 (기준 65세)	추천 TDF 빈티지	주식 비중 (현재)	운용 특징
30~34세	30~35년 후	TDF 2060	75~80%	성장 중심, 공격적 비중 유지
40~44세	20~25년 후	TDF 2050	60~70%	성장 + 안정 조화, 변동성 관리 시작
50~54세	10~15년 후	TDF 2040	50~60%	균형형, 주식 비중 다소 축소
60~64세	1~5년 후	TDF 2030	30~40%	보수형, 손실 최소화 단계

TDF의 핵심 장점 5가지

① 감정 개입이 없다

　　시장이 오르든 내리든 펀드가 자동 조절 → 인간의 감정을

　　배제

② 손실 방어력을 갖춘 장기 구조

　　나이가 들수록 위험을 줄여 퇴직 직전의 큰 손실을 막아줌

③ 리밸런싱 자동 수행

　　"팔아야 하나?" "채워야 하나?"를 고민할 필요 없음

④ IRP와 가장 잘 어울림

　　- 장기 계좌

　　- 자동성

　　- 목표지향적 → IRP의 성격과 일치

⑤ 장기 복리 효과

　　3.5~4.5%대의 꾸준한 수익 유지 가능

자산배분형: 위험을 분산해 꾸준히 쌓는 구조

상담사는 이어 '자산배분형'이라는 대안을 제시했다.

"자산배분형 펀드는 주식·채권·부동산·리츠·원자재 등 여러 자산에 자동으로 나누어 투자하는 상품입니다. TDF가 '시간 기준

자동 조절'이라면, 자산배분형은 '시장 상황 기준 조절'입니다."

자산배분형 펀드는 성격이 다른 다양한 자산에 동시에 분산 투자해, 특정 자산의 가치가 크게 하락하더라도 전체 포트폴리오의 변동성이 낮아진다. 시장의 불확실성이 커질 때는 자동으로 안전 자산의 비중을 확대해 장기 투자 과정에서 투자자가 겪는 심리적 불안감을 최소화한다. 또한 정기적인 리밸런싱을 통해 수익이 난 자산은 매도하고 가격이 떨어진 자산을 매수함으로써 복리 효과를 극대화한다. 결과적으로 연 4.5~6% 수준의 목표 수익률을 꾸준히 달성하는 것이 설계의 목적이다.

자산배분형의 장점 5가지

① 변동성이 낮다

여러 자산에 나누어져 있어 주식형 대비 가격 등락이 완만함

② 위기 시 방어력이 뛰어나다

2008년, 2020년 급락장에서도 순수 주식형 대비 손실폭 작음

③ IRP·연금저축과 찰떡궁합

장기적·복리 기반 계좌에 최적화

④ 자산군 확대

리츠·원자재·인프라 자산까지 포함해 물가 방어력도 갖춤

⑤ 중위험-중수익 구조

5% 목표를 달성할 확률이 높음

TDF vs. 자산배분형 펀드 비교

구분	TDF	자산배분형
기준	나이·은퇴연도	시장 상황
운용 방식	자동 리밸런싱	능동적 조정
자산 구성	주식·채권 중심	주식·채권·리츠· 원자재 등
위험 조절	나이 들수록 자동 축소	시장 위험 따라 조절
관리 난이도	★☆☆☆☆(매우 쉬움)	★★★☆☆(중간)
기대수익률	3.5~4.5%	4.5~6%
IRP 적합성	매우 높음	높음
적합한 사람	투자 초보, 은퇴준비형	안정＋성장을 원하는 사람

집으로 돌아가는 버스 안, 김부장은 오늘 배운 것들을 수첩에 꼼꼼히 정리했다. "예금 3%면 월 86만 원⋯ 하지만 TDF나 자산배분형이면 107만 원⋯ 이 차이가 30년이면 정말 어마어마하겠네."

그는 더 이상 망설이지 않고 자신의 IRP 운용 계획을 확정하여 적어 내려갔다.

- IRP 운용 계획(확정)

  - 예금형 20%

  - TDF 2040형 50%

  - 자산배분형 30%

  - 목표: 연 수익률 5%, 월 수령액 107만 원 완성

· IRP 운용 최적화 법칙 5 ·

1. IRP 자산 전체를 예금에만 묶어두지 않는다

- 예금 금리가 3% 수준이라 해도 물가상승률을 고려하면 30년 이상의 노후를 버틸 실질 구매력을 유지하기 어렵다.
- IRP는 원금 안정성뿐만 아니라 자산 가치를 보전하고 불려 나가야 할 계좌다.

2. TDF와 자산배분형 펀드 중 최소 하나는 반드시 포함한다

- TDF: 은퇴 시점에 맞춰 주식과 채권 비중을 시스템이 알아서 조절해주는 자동 항해 기능을 활용한다.
- 자산배분 펀드: 시장 상황에 따라 다양한 자산에 분산 투자해 변동성을 낮추고 꾸준한 복리 수익을 쌓는다.

3. IRP의 목표 수익률을 연 5%로 설정한다

- 연 수익률 4%일 때 월 수령액은 약 96만 원 수준이지만, 이를 5%로 높이면 월 107만 원으로 늘어난다.
- 1%의 수익률 차이가 월 10만 원의 현금흐름 차이를 만들며, 이는 장기적으로 노후의 질을 결정짓는다.

4. 수익률 체크는 연 1~2회로 충분하다

- IRP는 30년 이상 유지해야 할 '장기 스테디셀러' 구조여야 한다.
- 수익률을 너무 자주 확인하면 시장의 단기 변동성에 흔들려 잘못된 판단을 내릴 위험이 크므로 정기적인 리밸런싱 차원에서만 점검한다.

5. '국민연금 연기 + IRP 연 5% 수익' 연금 포트폴리오를 완성한다

- 가장 강력한 기초 자산인 국민연금과 효율적으로 운용되는 IRP가 만났을 때 노후의 소득 기둥은 가장 단단해진다.

김부장의 연금 포트폴리오(국민연금 연기 + IRP 5% 운용 + 연금저축)

구분	개시 연령	월 수령액(세전)	특징
국민연금 (연기 수령)	70세	197만 원	65 → 70세(연기연금), 36% 증액
IRP (퇴직금형, 30년 분할)	55세	107만 원	퇴직금 2억 원, 연수익률 5%
연금저축 (세액공제형)	55세	48만 원	월 30만 원, 20년 납, 30년 분할 기준
총합 (70세 이후)	70세	352만 원	김부장 기본 월 소득 구조

chapter 9

IRP로 절세 2번, 연금 2배

퇴직금을 IRP로 옮겨 30년 동안 월 107만 원을 받을 수 있
게 되자, 김부장의 마음은 한결 가벼워졌다. 하지만 기쁨도 잠시,
70세 이후의 예상 가계부를 적어 내려가던 김부장의 펜 끝이 멈
췄다.

- **국민연금 197만 원**

- **IRP 107만 원**

- **연금저축 48만 원**

- **70세 이후 총 월 수령: 352만 원**

목표로 세운 월 생활비 400만 원까지는 아직 48만 원이 부족했다. "퇴직금만으로는 부족하네. 그럼 지금부터 또 어떤 연금을 만들어야 하지?" 김부장은 스스로에게 질문을 던졌다.

연금센터를 찾은 김부장의 고민을 듣고 상담사는 화이트보드에 IRP의 두 가지 기능을 적었다.

① 퇴직금 계좌: 퇴직금을 입금해 10년 초과 분할 수령 시 퇴직소득세를 30~50% 감면받는 기능

② 세액공제형 연금계좌: 재직 중 추가 납입하여 세금을 환급받고 장기 복리 수익을 내는 기능

재직 중 세액공제용	• 연 1,800만 원까지 납입 가능(연금저축계좌, DC/IRP합산) • 연말정산 세액공제 　최대 148.5만 원 환급
퇴직 후 퇴직급여 수령용	• 퇴직 시 IRP 의무이전 　(만 55세 이상, 소액 퇴직금 300만 원, 담보대출상환금액 제외) • 퇴직소득 및 운용수익 과세이연 • 연금 수령 시 세금경감

"IRP는 퇴직금을 받는 통장이기도 하고, 재직 중에 세금을 돌려받는 통장이기도 합니다. 퇴직 후에는 '월급 통장'이지만, 재직

중에는 '세금 통장'이라고 할 수 있죠. 퇴직금으로 첫 번째 연금을 만들고, 세액공제를 통해 두 번째 연금을 만드는 구조입니다."

IRP 세액공제 구조(2026년 기준)

구분	연 소득 기준	세액공제율	세액공제한도	최대 공제액
중·하위 소득자	5,500만 원 이하	16.5%	연 900만 원	148.5만 원
중상위 소득자 (김부장)	5,500만 원 초과	13.2%	연 900만 원	118.8만 원

김부장의 소득 수준에서 연 900만 원을 꽉 채워 납입할 경우, 매년 118만 8천 원의 세금을 돌려받는다. 이를 10년 유지하면 1,188만 원, 20년이면 무려 2,376만 원의 세금을 절약하게 된다. IRP는 단순히 돈을 모으는 것이 아니라, '세금을 덜 내서 연금을 만드는 구조'인 셈이다.

세액공제 누적 효과(연 900만 원 납입, 세율 13.2%)

납입기간	총 납입액	세액공제 누적	실제 부담액
1년	900만 원	118.8만 원	781.2만 원
10년	9,000만 원	1,188만 원	7,812만 원
20년	1억 8,000만 원	2,376만 원	1억 5,624만 원

연금저축보다 IRP가 더 강력한 이유

김부장이 물었다. "연금저축도 세액공제가 되는데… 둘 중 뭐가 더 좋나요?" 상담사는 미소를 지으며 표를 보여주었다.

IRP vs. 연금저축 비교

구분	IRP 계좌	연금저축
정의	소득세법상 '연금계좌'	
연간 납입한도	합쳐서 1,800만 원	
세액공제 납입한도	최대 900만 원	최대 600만 원
거래 가능 상품	원리금 보장상품·펀드·ETF· 장외채권·상장리츠 등 (위험자산 투자한도 70%)	펀드, ETF, 상장리츠 등 (증권사는 원리금보장상품 無)
중도인출	만 55세 이전에는 중도인출 사유에 한하여 가능	만 55세 이전에도 자유롭게 가능
압류 가능 여부	압류 불가능	압류 가능

"연금저축과 IRP의 가장 큰 차이는 '인출'을 할 수 있나 없나입니다. 연금저축은 55세 전에 인출이 가능하고 IRP는 55세 전에 인출이 불가능하거든요. 이게 IRP의 단점으로 보이겠지만 노후

를 준비하는 데는 장점입니다. 강력한 통제가 부여되거든요. 돈의 목적이 노후자금으로 명확해지고, 노후에 반드시 남아있는 돈이 되기 때문입니다. 또한 연금저축은 세액공제 한도가 600만 원이지만 IRP는 900만 원까지 받을 수 있습니다. 게다가 연금저축은 펀드(ETF), 리츠만 투자할 수 있으나 IRP는 예금부터 채권, 펀드, ETF/리츠 등 투자할 수 있는 상품이 더 다양합니다.”

상담사는 IRP의 장점으로 '환급금 재투자'를 꼽았다. 월 50만 원씩 5년간 추가 납입했을 때, 환급금을 어떻게 활용하느냐에 따라 연금액이 달라진다.

단순 추가 납입 시: 월 50만 원 × 5년(연 5% 운용)

→ 3,400만 원, 월 18.2만 원 수령(30년 수령 시)

환급금 재투자 시: 연 79.2만 원 환급액 × 5년(연 5% 운용)

→ 약 437만 원 추가 형성

합계: 3,833만 원 적립 → 월 20.5만 원 수령(30년 수령 시)

IRP로 만들어지는 두 개의 연금

구성	적립 방식	5년 후 금액	30년 지급 시 연금액
IRP 퇴직금	2억 원 → 30년 분할	-	107만 원
IRP 적립	월 50만 원 × 5년 + 환급 재투자	3,833만 원	20.5만 원

"단순 납입만 하면 월 18만 2천 원이지만, 환급금을 재투자하면 월 20만 5천 원까지 올라갑니다."

김부장은 감탄했다. "세액공제로 받은 돈이… 또 하나의 연금이 되네요?"

"맞습니다. 이것이 IRP의 '두 번째 절세'입니다."

그날 밤, 김부장은 노트에 오늘 얻은 확신을 적었다.

- IRP는 '퇴직금 관리'와 '세금 환급'이라는 두 마리 토끼를 잡는 통장이다.
- 세액공제 환급금은 보너스가 아니라 반드시 재투자해야 할 연금 재원이다.
- 환급금으로 인해 IRP 안에서 연금은 두 개로 늘어난다.

"결국 IRP는 받는 기술이 아니라, 재투자하는 시스템의 문제였구나." 김부장은 앱을 켜고 환급금을 재투자하기로 마음먹었다.

· IRP로 절세 2번, 연금 2배 만드는 실행법 ·

1. 퇴직금은 무조건 IRP로 이체하고 10년 초과 분할하라

- 퇴직소득세 30~50% 감면
- 30년 분할 시 월 107만 원 확보

2. 재직 중 IRP 추가 납입은 월 50만 원부터 자동이체 설정하라

- 연 600만 원 납입 → 세액공제 79.2만 원 환급
- 환급금은 반드시 IRP로 재투자

3. 환급금 79.2만 원을 5년 재투자하면 '월 20.5만 원'의 연금이 된다

- 세액공제 환급 → 또 하나의 연금 구조
- 5년 후 총 적립 3,833만 원 → 30년 수령 시 월 20.5만 원

4. IRP 운용은 TDF·자산배분형으로 단순화하라

- 권장 비중: TDF 50% + 자산배분 50%
- IRP는 55세까지 유지(중도해지 시 16.5% 역추징)

5. IRP 2종 + 국민연금 + 연금저축으로 생애현금흐름을 완성하라

- 국민연금(70세): 197만 원
- IRP(퇴직금형): 107만 원

- IRP(적립형): 20.5만 원

- 연금저축: 48만 원

- 70세 이후 총 372만 원 확보 가능

김부장의 최종 연금 포트폴리오

구분	수령 시점	월 수령액(세전)	수령기간	비고
IRP① 퇴직금형	55세	107만 원	30년 수령 (55~85세)	퇴직금 2억 원, 연수익률 5%
IRP② 적립형	55세	20.5만 원	30년 수령 (55~85세)	월 50만 원 × 5년 + 세액공제 환급 재투자
연금저축	55세	48만 원	30년 수령 (55~85세)	월 30만 원, 20년 납 기준
국민연금 (연기)	70세	197만 원	평생 수령 (종신)	65 →70세(연기연금) 36% 증액
총합 (70세 이후)	-	372.5만 원	-	

연금은 물가상승률을 반영하지 않는다?

"지금 100만 원도 큰돈이 아닌데 수십 년 후에 100만 원 받으면 무슨 소용인가요?" 연금을 준비하는 사람들이 가장 많이 묻는 질문이다. 매년 높은 인플레이션으로 물가가 상승하는 상황에 화폐가치 하락을 걱정하지 않을 수 없다. 하지만 연금뿐만 아니라 예금, 주식, 부동산 등 세상에 존재하는 금융투자상품 중에서 물가상승률을 반영해주는 상품은 없다. 물가상승률에 따른 화폐가치 하락을 방어하기 위해 별도의 대책이 필요할 뿐이다.

첫째, 물가상승률 이상의 수익이 발생해야 한다. 연평균 물가상승률이 3%인데 내가 가입한 예금이 연 2% 금리라면 물가상승률을 방어할 수 없다. 반면에 내가 가입한 연금이 연 3% 이상의 수익이 발생한다면 이미 물가상승률을 방어하고 있는 셈이다.

둘째, 물가가 오르는 만큼 정률로 납입해야 한다. 정률납입은 소득의 일정 비율을 납입하는 방법이고, 이와 반대로 정액납입은 고정적인 금액을 납입하는 방법이다. 화폐가치 하락을 걱정하는 사람들은 대부분 정액으로 납입하는 사람들이다. 물가와 소득이 오르는 만큼 정률로 납입액을 늘려야 한다. 연금수령 시 물가상승률을 보장해주는 대표적인 연금, 국민연금 공무원연금도 모두다 정률납입 방식을 채택하고 있다.

chapter 10

끊기지 않는 평생 소득, 연금보험

국민연금, IRP, 그리고 연금저축까지. 김부장의 노후는 어느 정도 '숫자'로 보이기 시작했다. 하지만 구조를 세워도 마음 한구석의 불안은 가시지 않았다.

"그래도 혹시… 90세 넘게 살면 어떡하지?"

집에서 무심코 켠 TV 뉴스 자막이 김부장의 가슴을 서늘하게 만들었다. "100세 시대 본격화 – 90세 이상 인구 100만 명 돌파." 그의 연금 설계는 90세까지만 계산되어 있었다. 수명이라는 변수 앞에서 숫자로 쌓아 올린 공든 탑이 다시 흔들리는 기분이었다.

며칠 뒤, 김부장은 보험사에 다니는 친구 최 부장을 만났다. 김부장의 고민을 들은 최 부장은 명쾌하게 답했다.

"국민연금 빼고 연금저축이랑 IRP? 네가 준비한 건 다 '기간형'이야. 정해진 기간이 끝나면 멈추는 돈이지. 하지만 연금보험은 '종신형'이야. 죽을 때까지 나오는, 끝이 없는 돈이라고."

그 한마디가 김부장의 머리를 울렸다. IRP가 30년 동안 치밀하게 계획된 자산이라면, 연금보험은 수명과 관계없이 생존 그 자체를 보장하는 장치였다. 최 부장은 계산기를 두드렸다.

"월 50만 원씩 10년만 넣어봐. 70세부터 네가 100세, 105세까지 살아도 매달 60만 원이 계속 나온다."

'끝나지 않는 월급'이라는 개념이 마음 깊은 곳에 새겨졌다.

며칠 뒤 상담사는 김부장에게 각 연금의 역할을 다시 정리해주었다. 어느 하나가 최고인 것이 아니라, 서로의 빈틈을 채워주는 구조가 핵심이었다.

"국민연금이 기초, IRP가 효율, 그리고 연금보험은 안정성을 담당합니다. 세 축이 서로 다른 영역을 채워줘야 노후가 흔들리지 않아요."

연금 3층 구조의 역할 비교

구분	성격	주요 특징	장점	한계
국민연금	공적연금	국가 지급 보장	장수 리스크 보장	수령액 한계
퇴직연금(IRP)	사적연금	운용·절세 중심	복리, 세금 효율	시장 변동성
연금보험	사적연금	보험사 지급 보장	확정성·지속성	수익률 제한

상담사는 이어 '최저보증형 연금보험'을 대안으로 제시했다. "요즘은 금리연동형보다 최저보증형 연금보험을 더 많이 선택합니다. 최저보증형은 말 그대로 시장 상황이 나빠져도 연금액이 절대 줄지 않는 구조예요."

연금보험 주요 유형 비교

구분	구조	수익률	장점	단점
금리연동형	고정금리	연 1~2%	단순, 예측 가능	실질수익 낮음
변액연금	주식·채권 운용	시장 반영	높은 수익 가능	손실 가능성
최저보증형	변액 + 보증 혼합	5~8% 보증	연금액 확정· 평생 지속	중도해지 불이익

상담사는 강조했다. "연금보험은 '얼마를 벌까'가 아니라 '얼마나 오래, 끊김 없이 받을까'가 본질입니다."

최저보증형 연금보험 시뮬레이션(납입 10년 / 종신형 가정 / 70세 개시)

구분	월 납입	총납입	월 연금액	총수령(30년)	비고
A안	50만 원	6천만 원	60만 원	2억 1,600만 원	종신형
B안	100만 원	1억 2천만 원	120만 원	4억 3,200만 원	종신형

"이 구조는 유지할수록 수익이 커지는 구조예요. 중도해지하면 손해지만, 완주하면 '장수 리스크'를 완전히 제거하는 장치가 됩니다. 이런 구조를 '톤틴연금'이라고 합니다."

김부장은 비로소 자신의 연금 구조에 무엇이 빠졌는지 깨달았다. 그는 언제까지 살지 모르는 인간이었고, 그 불확실성을 메울 것은 결국 '평생권'이었다. 그는 메모장에 최종 연금 구조를 다시 그려 넣었다.

김부장은 397만 5천 원이라는 숫자를 보며 생각했다. '국민연금과 연금보험이 평생 250만 원 이상을 책임져주고, IRP와 연금저축이 가장 활발하게 활동할 은퇴 초기 30년을 풍족하게 채워주는구나.'

이제야 진짜 '끊기지 않는 월급 구조'가 완성되었다.

· 장수 리스크를 방어하는 종신 시스템 ·

1. 나의 연금 중 '기간형'과 '평생형'을 먼저 구분하라

- 국민연금만 평생형, 나머지 IRP·연금저축은 기간형이다.
- 기간형이 많을수록 장수 리스크가 커진다.

2. 부족한 평생소득은 연금보험(종신형)으로 반드시 보완하라

- IRP는 20~30년 계획 금액이지만, 연금보험은 수명과 관계없이 지급되는 유일한 사적 연금이다.
- 노후 불안은 '금액 부족'보다 '끊김 위험'에서 나온다.

3. 연금보험은 '최저보증형'을 기본으로 선택하라

- 시장 변동성 최소화 → 실질적으로 유일한 확정형 연금
- 변액형보다 안정성·예측성이 월등히 높다.

4. 연금 개시 시점은 70세, 납입기간은 10년을 기준으로 설계하라

- 개시를 늦출수록 연금액 증가한다.
- 최소 10년은 납입한다.
- 70세 이후의 공백 구간을 완전히 메울 수 있다.

5. 국민연금(기초) – IRP(효율) – 연금보험(지속성)의 3층 구조를 완성하라

• 국민연금: 평생 기초소득

• IRP: 성장·복리·세금 효율

• 연금보험: 장수 리스크 제거

이 세 축이 갖춰져야 '끝나지 않는 소득 시스템'이 완성된다.

김부장의 연금 포트폴리오

구분	수령 시점	월 수령액(세전)	수령기간	비고
IRP① 퇴직금형	55세	107만 원	30년 수령 (55~85세)	퇴직금 2억 원, 연수익률 5%
IRP② 적립형	55세	20.5만 원	30년 수령 (55~85세)	월 50만 원 × 5년 + 세액공제 환급 재투자
연금저축	55세	48만 원	30년 수령 (55~85세)	월 30만 원, 20년 납 기준
국민연금 (연기)	70세	197만 원	평생 수령(종신)	65 →70세(연기연금) 36% 증액
연금보험 (종신형)	70세	60만 원	평생 수령(종신)	최저보증형 기준
총합 (70세 이후)	—	432.5만 원	—	목표 400만 원 구조 완성

38% 더 받는 톤틴연금이 뭔가요?

톤틴연금은 17세기 이탈리아 은행가 톤티가 고안한 연금의 형태로, 일정한 조건하에서 연금을 더 받도록 만들어진 연금이다. 당시에도 납입액에 이자를 더한 것만으로는 연금이 부족했던 것 같다. 톤티는 생존자의 연금액을 늘리기 위해 사망한 가입자의 몫을 생존자에게 지급하는 형태의 연금을 고안했다. 이에 따라 일찍 사망하면 불리하지만 오래 살수록 더 많은 연금을 받을 수 있었다. 17세기 당시 여러 가지 사정으로 인해 확대되지는 못했지만 최근 들어서 톤틴연금의 개발이 다시 활발해지고 있다.

현재 우리나라에서 판매되는 톤틴연금은 '사망'이라는 조건 대신 '해지'라는 조건을 달았다. 톤틴연금에 가입한 후 중도에 해지하면 페널티가 부과되지만, 계약을 잘 유지해서 종신연금으로 받는다면 일반 연금에 비해 38%(기획재정부 보도자료 기준), 상품에 따라 최대 두 배 이상을 받을 수도 있다. 다시 말해 해지한 가입자의 몫을 연금수령자에게 더 지급하는 셈이다. 높은 연금과 더불어 일정 한도 내에서 이자소득세를 면제하는 비과세 혜택도 받을 수 있다.

기획재정부에서 톤틴연금 활성화 방안을 발표함에 따라 다양한 형태의 톤틴연금이 개발될 예정이다. 개인연금에 관심을 가지고 꾸준히 공부한다면 더 많은 연금을 준비할 수 있을 것이다.

Part 3

준비한 자에게
위기는 기회다

"목표는 세후 400만 원, 인생 후반의 설계도"

chapter 11

연금에 세금과
건강보험료가 있다고요?

요즘 김부장은 마음이 한결 가벼워졌다. 국민연금부터 IRP, 연금보험까지 층층이 구조를 쌓고 나니, 막연했던 노후가 비로소 손에 잡히는 '숫자'로 보이기 시작했기 때문이다.

- IRP(퇴직금형): 월 107만 원

- IRP(적립형): 월 20.5만 원

- 연금저축: 월 48만 원

- 국민연금(연기): 월 197만 원

- 연금보험: 월 60만 원(비과세)

종이에 적어보니 총합은 432만 5천 원. 목표로 했던 '400만 원'을 넘어섰다. 그런데 문득 한 가지 생각이 뇌리를 스쳤다.

"…잠깐. 이게 전부 세전 금액이잖아? 그럼 실제로는 얼마를 받는 거지?"

지금껏 김부장은 '연금＝월 얼마 받기'라고만 여겼을 뿐, 거기서 빠져나갈 세금과 건강보험료를 구체적으로 계산해본 적이 없었다. "세금이 얼마나 빠질까? 국민연금에는 건강보험료도 붙는다던데…."

상담사가 했던 경고가 떠올랐다. "연금의 진짜 가치는 '세전'이 아니라, '세후와 건강보험료 반영 후'에 결정됩니다." 이제는 '받는 연금'이 아니라 '남는 연금'을 직시해야 할 때였다.

다음 날 김부장은 다시 상담사를 찾았다. "상담사님, 제가 만든 432만 5천 원이라는 구조, 이 돈이 그대로 제 주머니에 들어오는 건 아니죠?"

상담사는 고개를 끄덕이며 노트북을 돌렸다. "맞습니다. 연금도 소득이기에 세금을 피할 수 없습니다. 특히 국민연금, IRP, 연금저축, 연금보험은 각각 세금 체계가 다르고 건강보험료 부과 기준도 차이가 있죠."

김부장은 긴장된 표정으로 자리에 고쳐 앉자 상담사가 말을 이었다. "그럼 일단 세금부터 떼어보죠."

과세 대상 국민연금 규모에 따른 납부세액

과세 대상 연금액	770만 원	1천만 원	1,500만 원	2천만 원
(-) 연금소득공제	504만 원	550만 원	640만 원	690만 원
(-) 본인 공제	150만 원	150만 원	150만 원	150만 원
= 과세표준	116만 원	300만 원	710만 원	1,160만 원
× 소득세율				
= 산출세액	6.96만 원	18만 원	42.6만 원	69.6만 원
(-) 표준세액공제	7만 원	7만 원	7만 원	7만 원
= 납부세액	0원	11만 원	35.6만 원	62.6만 원

"IRP에서 인출하는 퇴직금의 경우 퇴직소득세 3.9%(김부장의 경우)에서 기간에 따라 30~50% 감면된다는 것은 앞서 설명드려서 알고 계실 겁니다. 세액공제 받으신 연금저축과 IRP는 나이에 따라 세율이 달라집니다. 55~69세는 5.5%, 70~79세는 4.4%, 80세 이상 3.3%입니다. 연금을 늦게 받을수록 세율이 내려가 세금 혜택이 많아지죠."

상담사는 이어서 설명했다. "연금보험은 월 150만 원 이하로 납부하시고 종신형태로 연금 받으시면 비과세입니다."

김부장은 안도의 한숨을 내쉬었다. "연금은 세금부담을 많이 줄여주네요." 상담사는 미소를 지으며 다음 페이지를 넘겼다. "세금은 시작일 뿐입니다. 진짜 복병은 건강보험료죠."

연금 종류별 세금 구조 및 김부장 세후 계산

구분	세금 종류	세율	김부장 세전	김부장 세후
국민연금	연금소득세	약 2~3%	197만 원	191.1만 원
IRP(퇴직금형)*	퇴직소득세	2.34%(10년 이상 분할)	107만 원	104.5만 원
IRP(적립형)**	연금소득세	4.4% (70세 이상)	20.5만 원	19.6만 원
연금저축	연금소득세		48만 원	45.9만 원
연금보험	이자소득세	비과세	60만 원	60만 원
합계	-	-	432.5만 원	421.1만 원

* IRP(퇴직금형): 퇴직소득세가 붙지만, 연금 형태로 10년 이상 받으면 40% 감면(챕터 7 참고)

** IRP(적립형), 연금저축: 55~69세 5.5%, 70~79세 4.4%, 80세 이상 3.3% 세율 적용

상담사의 설명은 명확했다. 현재 기준으로 건강보험료는 오직 국민연금과 같은 공적연금에만 부과된다. 연금저축, IRP, 연금보험 등 사적연금은 부과 대상에서 제외된다. 국민연금 건보료 계산은 다음과 같다.

김부장의 월 건보료 계산법(2026년 예상 기준)

- 부과 기준: 국민연금 수령액의 50%를 소득으로 간주

- 197만 원 × 50% = 98.5만 원

- 건강보험료: 98.5만 × 7.19%(건강보험료율) = 7.08만 원

- 장기요양보험료: 7.08만 × 12.95%(장기요양보험료율) = 0.92만 원

- 최종 건보료: 약 8만 원

항목	세후	건보료	최종 실수령
국민연금	191.1만 원	-8만 원	183.1만 원
IRP(퇴직금형)	104.5만 원	0	104.5만 원
IRP(적립형)	19.6만 원	0	19.6만 원
연금저축	45.9만 원	0	45.9만 원
연금보험	60만 원	0	60만 원
총합	421.1만 원	약 -8만 원	413.1만 원

"세전 432만 5천 원이 실제로는 약 413만 원으로 줄어드는군요. 생각보다 격차가 크진 않지만, 미리 알지 못했다면 은퇴 후 당황했을 뻔했습니다."

김부장의 말에 상담사가 조심스럽게 한마디를 덧붙였다. "김부장님, 사실 더 큰 문제는 '피부양자 자격'입니다."

왜 부부가 피부양자가 되지 못할 수 있는가?

"김부장님은 퇴직 후 국민연금을 받기 시작하는 순간, 부부 모두 건강보험 피부양자 자격을 유지하기 어려울 가능성이 매우 높습니다.”

김부장의 눈이 커졌다.

“피부양자 기준이 까다로운가요?”

“김부장님은 국민연금만으로 연간 2,364만 원을 수령하니 소득 기준(2천만 원)을 이미 초과합니다. 따라서 자동으로 지역가입자로 전환됩니다. 또한 배우자의 소득이 2천만 원을 넘으면 아내분도 피부양자에서 함께 탈락합니다. 결국 대부분의 은퇴 가정이 연금과 자산 때문에 부부 모두 지역가입자로 전환되죠.”

김부장은 중얼거렸다.

“그럼 건강보험료는… 피하기 어렵겠네요.”

“맞습니다. 그렇기 때문에 연금의 진짜 금액은 세후 + 건보료까지 반영한 금액으로 계산해야 합니다.”

건강보험 피부양자 자격 요건

구분	기준	설명
소득 요건	연간 합산소득 2,000만 원 이하	이자·배당·근로·사업·연금 등 모든 소득 포함. 사적연금은 제외
재산 요건	재산세 과표 5.4억 원 이하	과표가 5.4억 원 초과~9억 원 이하일 경우 연간소득 1,000만 원 이하만 허용
적용 결과		요건 충족 → 피부양자 유지 요건 불충족 → 지역가입자로 전환(건보료 부과)

그날 밤, 김부장은 노트에 오늘 알게 된 진실을 적었다.

- 국민연금 실수령: 약 183만 원

- 사적연금 실수령: 230만 원

- 총합: 약 413만 원

- 피부양자 탈락 시 추가 건보료 발생 가능

- 노후 생활비는 반드시 세후 기준으로 다시 설계할 것

"지금이라도 알아서 정말 다행이다. 몰랐다면 은퇴 후 통장을 보며 얼마나 큰 충격을 받았을까." 김부장은 조금은 개운한 마음으로 펜을 놓았다.

· '받는 돈'보다 '남는 돈'을 설계하라 ·

1. 내 연금의 '세금 구조'를 표로 먼저 정리한다

각 연금의 과세 방식이 모두 다르므로 반드시 구분해야 한다.

- 국민연금: 연금소득세 2~3%

- IRP(퇴직금형): 퇴직소득세 실효 2~3%

- IRP(적립형): 연금소득세 3.3~5.5%

- 연금저축: 연금소득세 3.3~5.5%

- 연금보험: 비과세(종신형 기준)

2. 국민연금은 반드시 '건강보험료까지' 포함해 계산한다

국민연금은 유일하게 건강보험료 부과 대상이다.

- 국민연금의 50%가 기준소득

- 기준소득 × 보험료율 7.19% + 장기요양보험료(12.95%)

- 김부장 기준: 월 약 8만 원 부담

3. 피부양자 자격 유지 가능성도 반드시 점검한다

피부양자는 보험료가 없지만, 조건이 매우 까다롭다. 피부양자 탈락 기준(주요 항목만)은 다음과 같다.

- 연간 종합소득 2,000만 원 초과 시 탈락 → 국민연금 197만 원 수령 시 이미 2,364만 원, 자동 탈락

- 재산과표 9억 원 초과 시 탈락

- 국민연금을 월 167만 원 이상 받게 되면 부부 모두 지역가입자로 전환

4. '세후 + 건보료 반영 후' 실제 수령액을 기준으로 다시 설계한다

- 세전 432.5만 원 → 세금 반영 후 약 421만 원 → 건강보험료 반영 후 약 413만 원

- 예산·지출 계획은 반드시 세후 실수령 기준으로 다시 작성해야 한다.

4. '세후 + 건보료 반영 후' 실제 수령액을 기준으로 다시 설계한다

chapter 12

연금 500만 원으로 가는 길, 부부 연금 합산

퇴근 후 조용한 거실. 김부장은 노트북을 켰다. 이번엔 확신이 있었다. 연금 공부를 하면서 연금 포트폴리오를 구성한 끝에, 본인 기준 세후 연금 400만 원 구조를 완성했기 때문이다.

김부장이 만든 연금 구조는 단순하지 않았다. 국민연금을 70세로 연기해 평생 소득을 키우고, 퇴직금은 IRP로 나눠 받아 현금흐름을 안정화했다. TDF와 자산배분펀드 투자를 통해 월 수령액을 20만 원 이상 올리고 IRP에 월 50만 원, 연금보험에 월 50만 원씩 꾸준히 납입하고 있다.

김부장의 세금·건강보험료를 반영한 실제 연금 수령액

구분	월 수령액
국민연금	183.1만 원
IRP(퇴직금형)	104.5만 원
IRP(적립형)	19.6만 원
연금저축	45.9만 원
연금보험	60만 원
합계	413.1만 원

"연금 공부하기 전에는 불안했는데…이제는 세금이랑 건강보험료까지 다 빼고도 400만 원이 넘네"

그 순간, 소파에서 TV를 보던 아내가 말했다. "여보, 나도 국민연금 있잖아요. 애들 낳으면서 직장 그만뒀는데 그 뒤로 임의가입 계속하고 있었어요. 그리고 직장생활 시작하면서 납입했던 연금보험도 있고요."

김부장은 곧바로 아내의 국민연금액을 확인해보았다. 아내의 예상 국민연금 수령액은 월 61만 원. 생각지 못한 연금이었다. 게다가 아내가 납입했던 연금보험은 70세부터 월 30만 원 정도 수령할 수 있었다.

다음 날 상담센터를 찾은 김부장은 아내의 연금에 대해 상담사에게 말했다. "제 연금만 생각했는데 아내 연금도 있더라고요, 국민연금은 임의가입으로 납입한 금액이 9만 원 정도인데 65세가 되면 예상 연금액이 61만 원이나 됩니다."

상담사가 설명했다. "국민연금은 총 얼마를 냈느냐보다는 오래 납입하는 것이 연금액 산정에 더 유리합니다."

김부장이 질문은 이어갔다. "아내의 국민연금도 세금을 내겠죠?"

상담사는 한 장의 표를 보여주며 명쾌하게 설명했다. "아내분의 국민연금이 연간 732만 원 수준이라면, 우리나라의 연금 공제 구조상 세금이 0원이 됩니다."

- 연금소득공제: 496.4만 원
- 과제표준: 85.6만 원
- 산출세액: 5.14만 원
- 납부세액: 0원
- 기본공제: 150만 원
- 적용세율: 6%
- 표준세액공제: 7만 원

김부장은 고개를 끄덕였다. "그럼 아내 연금 61만 원은 액수 그대로 통장에 꽂히는 거군요!"

건강보험료는 국민연금에만 부과된다. 앞서 확인했듯 김부장의 국민연금 197만 원에 대해서는 월 약 8만 원 수준의 건강보험료가, 아내의 연금 61만 원은 약 2만 4천 원의 건강보험료가 발생한다. 남편이 국민연금을 받기 시작하면 부부 모두 지역가입자로 전환되기 때문에 건강보험료를 납부해야만 한다.

아내의 연금보험은 김부장의 연금보험과 마찬가지로 세금과 건강보험료 부담이 없다.

이번에도 '실수령액'의 합계에 집중해 구조를 정리했다.

부부 합산 연금 포트폴리오(세전 기준)

구분	월 수령액(세전)	개시 시점	수령 기간	비고
남편 IRP(퇴직금형)	107만 원	55세	30년	퇴직금 2억 원 기반
남편 IRP(적립형)	20.5만 원	55세	30년	환급세액 재투자 포함
남편 연금저축	48만 원	55세	30년	30만 원, 20년 납 기준
남편 국민연금(연기)	197만 원	70세	평생	36% 증액 전략
남편 연금보험(종신)	60만 원	70세	평생	비과세 상품
아내 국민연금	61만 원	65세	평생	세금 0원
아내 연금보험	30만 원	70세	평생	비과세 상품
합계	523.5만 원	—	—	—

남편의 연금 432.5만 원은 세금과 건보료를 거치며 약 413만 원으로 줄어들지만, 여기에 아내의 국민연금 61만 원과 연금보험 30만 원이 더해지면 결과는 달라진다. 건강보험료 반영 후 부부 실수령액을 김부장은 노트에 적었다.

항목	금액
남편 실수령액 합계	약 413만 원
아내 국민연금 실수령액	58.6만 원(2.4만 원 건강보험료 발생)
아내 연금보험 실수령액	30만 원
부부 합산 실수령액	501.6만 원

약 502만 원 김부장은 계산기를 내려놓고 길게 숨을 내쉬었다. "아… 실수령액으로 따져봐도 목표였던 생활비 400만 원을 넘어 501만 원의 연금을 완성했네!." 그의 얼굴에 옅은 미소가 번졌다. 혼자서 짊어지려 할 때는 그토록 무겁고 부족해 보이던 숫자들이, 아내의 연금과 합쳐지자 비로소 완벽해졌다. "결국 연금은 혼자 만드는 게 아니라, 부부가 팀이 되어 함께 채워가는 구조였구나."

- 아내 국민연금은 공제 구조 때문에 세금이 0원

- 아내 국민연금 건강보험료는 2.4만 원

- 아내 연금보험 세금과 건강보험료 0원

- 아내 연금 실수령액 88.6만 원

- 남편 연금 실수령액 기준 약 413만 원

- 부부 합산 실수령액 501.5만 원

- 목표 생활비 400만 원을 넘어 부부 합산으로 연금 500만 원 달성

· 부부 합산으로 완성하는 노후 현금흐름 ·

1. 부부의 연금은 반드시 합산 기준으로 계산하라

각자의 연금은 작아 보여도 합치면 생활비를 완성하는 핵심 구조가 된다.

2. 아내 국민연금과 연금보험에는 세금이 없다

연금공제 구조상 국민연금 세금 '0', 연금보험은 비과세(chapter 11 참조)다.

3. 건강보험료는 국민연금에만 부과된다

사적연금(IRP, 연금저축, 연금보험)은 부과 대상이 아니다.

4. 세후·건보료 반영 금액으로 생활비를 다시 설정하라

부부 기준 실수령 약 502만 원 → 생활비 400만 원 목표 초과 충족

5. 은퇴 후에도 연금은 '개별'이 아니라 '부부 합산 흐름'으로 관리하라

부부 합산 구조가 완성되어야 안정적으로 100세까지 이어진다.

연금을 받다 죽으면 배우자가 받을 수 있나요?

은퇴 상담에서 가장 자주 받는 질문은 이것이다. "연금 받다가 죽으면, 배우자가 그대로 받는 거죠?" 하지만 연금 종류마다 답은 완전히 다르다. 어떤 연금은 배우자가 평생 받지만, 어떤 연금은 본인이 죽는 순간 바로 끝난다.

국민연금은 유족연금으로 배우자가 받을 수 있으며 배우자의 노후까지 지키는 공적 자산이다. 다만 배우자도 국민연금을 가지고 있으면, 유족연금과 배우자의 국민연금 둘 중 하나를 포기해야 한다(배우자 국민연금 선택 시 유족연금의 30% 지급).

퇴직연금과 연금저축은 사망 시 잔액이 일시에 상속되지만, 배우자가 연금을 승계 받을 수도 있다.

연금보험은 수령 방법이 종신연금인지 확정기간인지에 따라 다르다. 종신연금은 보증기간 이내에 사망 시 보증기간 동안 상속인에게 연금을 지급하고 보증기간 이후에 사망 시 소멸한다. 확정기간은 계약자의 사망 여부에 관계 없이 정해진 기간 동안 연금이 지급된다.

주택연금은 배우자가 감액 없이 수령하는, 배우자 보호가 가장 강한 연금이다. 확실한 연금 승계를 원한다면 신탁방식을 활용하는 것이 좋다.

chapter 13

연금 포트폴리오 비교
월 280만 원 vs. 월 500만 원

김부장은 노트를 다시 꺼냈다. 연금 공부를 처음 시작하던 시절의 기록이었다. 그때 적혀 있던 숫자는 단순했다.

- 국민연금 예상액: 약 145만 원

- IRP(퇴직금형): 약 86만 원

- 연금저축: 약 48만 원

- 합계: 약 280만 원

그 시절 김부장은 그 숫자를 보며 이렇게 생각했다. "280만 원이면… 아껴 쓰면 살 수는 있겠지." 하지만 지금의 그는 안다. 그 숫자가 얼마나 위험한 착각이었는지를.

"그땐 왜 이게 충분하다고 느꼈을까?"

김부장은 계산기를 두드리다 말고 고개를 저었다. "280만 원이라는 숫자만 봤지, 이게 세전인지 세후인지, 몇 년짜리인지, 부부 기준인지… 아무것도 따지지 않았네."

그 시절의 연금에 '합계'는 있었지만 '구조'는 없었다.

과거 김부장의 연금 포트폴리오

구분	개시 연령	월 수령액(세전)	수령기간	비고
국민연금	65세	145만 원	종신	연기 미적용
IRP(퇴직금형)	55세	86만 원	30년	단기 분할
연금저축	55세	48만 원	30년	세액공제형
합계	-	280만 원	-	

김부장은 곧바로 현실을 대입해보았다. 세금 차감, 국민연금 건강보험료 부과, 물가 상승, 그리고 배우자의 생활비 미반영… 계산이 끝나자 결론은 분명했다.

"이건 노후 설계가 아니라, 노후 버티기였구나."

상담사는 당시 상황을 이렇게 정리해주었다. 세후 기준 약 280만 원, 세금·건보료까지 반영하면 약 268만 원. 부부 기준 최소 생활비가 월 350만~400만 원인 현실에서는 매달 적자가 나는 구조였다.

하지만 현재 김부장의 연금 구조는 달랐다. 이번에는 '합계'보다 '흐름'이 먼저 보였다.

현재 김부장의 연금 포트폴리오 세후(부부 기준)

구분	수령 시점	월 수령액 (세후)	수령기간	비고
IRP① 퇴직금형	55세	104.5만 원	30년 (55~85세)	퇴직소득세 30~50% 감면
IRP② 적립형	55세	19.6만 원	30년 (55~85세)	세액공제 환급 재투자
연금저축	55세	45.9만 원	30년 (55~85세)	세액공제형
국민연금(연기)	70세	191.1만 원	종신	65 → 70세 연기
연금보험(종신형)	70세	60만 원	종신	비과세
아내 국민연금	65세	60만 원	종신	세금·건보료 O
아내 연금보험	70세	30만 원	종신	비과세
합계(70세 이후)	-	511.1만 원	-	부부 기준 구조

이제 질문이 달라졌다. "얼마 받느냐"가 아니라 "언제까지, 어떤 세금으로, 둘이서 끊기지 않게 받느냐"였다.

김부장은 두 시나리오를 나란히 놓고 비교했다.

월 280만 원 vs. 월 500만 원 실수령 비교(부부 기준)

구분	월 280만 원 구조	월 500만 원 구조
세전 합계	약 280만 원	약 432.5만 원
세후 기준	약 271만 원	약 412.1만 원
건보료 반영	약 268만 원	약 413.1만 원
배우자 연금	미확인	88.6만 원
실수령액	268만 원	501.7만 원
부부 생활비 충족	부족	충족
심리 상태	불안·절약 중심	안정·여유

김부장은 표를 한참 바라보다가 조용히 말했다. "차이는 단순히 120만 원이 아니라, 부부가 안심하고 살 수 있느냐였어."

예전에는 월 400만 원이라는 목표가 과하다고 느껴졌다. 하지만 지금의 그는 안다. 세금과 건보료를 빼면 실질소득이 줄어든다는 것, 이것은 부부 기준 생활비라는 것, 그리고 의료비는 나이가 들수록 늘어난다는 것. 그래서 500만 원은 넉넉한 금액이 아니라 현실적인 '기준선'이었다.

김부장은 노트에 이렇게 적었다.

- 280만 원 → 혼자 버티는 구조
- 500만 원 → 둘이 함께 선택하는 구조

연금 시뮬레이션의 목적은 불안을 숫자로 확인하는 것이었다. 연금은 숫자를 키우는 게임이 아니라, 부부의 불안을 줄이는 정교한 설계였다. 월 280만 원은 출발점이었고, 아내 연금까지 포함한 월 500만 원은 비로소 '은퇴의 기준선'이 되었다.

· '숫자'를 넘어 '구조'로 완성하라 ·

1. 연금 목표는 반드시 '부부 합산'으로 설정하라

- 1인 기준이 아닌 배우자 생활비까지 포함해 계산한다.
- 아내·남편 연금 개시 시점이 다를 수 있음을 전제로 설계한다.

2. '세전 합계'가 아니라 '세후·건보료 반영' 기준으로 표를 만들어라

- 통장에 실제로 들어오는 금액이 기준이다.
- 국민연금에는 건보료 부과, 사적연금에는 비부과 구조를 구분한다.

3. 연령대별로 소득이 끊기는 구간이 없는지 확인하라

- 55~64세 / 65~69세 / 70세 이후를 나눠 점검한다.
- 한쪽 연금이 끝날 때 다른 연금이 이어지는지 확인한다.

4. 배우자의 국민연금은 '적어 보여도' 반드시 포함하라

- 혼자 준비하는 것보다 같이 준비해야 같은 곳을 바라볼 수 있다.
- 부부 합산 시 심리적 안정 효과가 크다.

5. 목표는 '많이 받는 연금'이 아니라 '끝까지 흔들리지 않는 구조'

- 종신형(국민연금·연금보험) +기간형(IRP·연금저축)을 조합한다.
- 구조가 안정되면 소비·일·삶의 선택이 달라진다.

          50세 김부장의 늦지 않은 연금 공부

목돈과 연금의 10가지 차이점

1. 목돈은 내가 지켜야 하는 것, 연금은 나를 지켜주는 것

2. 목돈 까먹는 건 한도가 없지만, 연금 까먹는 건 한도가 있다.

3. 목돈 날리면 평생 힘들지만, 연금 날려도 한 달만 참으면 된다.

4. 목돈 가진 사람은 '호구'가 되고, 연금 가진 사람은 '갑'이 된다.

5. 목돈은 빼 쓰는 것, 연금은 타 쓰는 것

6. 목돈 가진 사람은 현재 부자, 연금 가진 사람은 평생 부자

7. 목돈 가진 사람은 '수익률'에 투자하고, 연금 가진 사람은 '수명'에 투자한다.

8. 목돈 가진 사람은 "왕년에 내가"라 하고, 연금 가진 사람은 "나는 앞으로"라 한다.

9. 목돈은 이벤트를 준비하는 것, 연금은 삶을 준비하는 것

10. 목돈은 금융자산이지만, 연금은 사회제도다.

chapter 14

위기 속에서 기회 찾기
구조조정과 희망퇴직

연금 공부를 한 후 5년이 지난 어느 월요일 아침, 김부장은 평소처럼 사원증을 찍고 회사 로비를 지나던 중 발걸음을 멈췄다. 게시판 상단에 붙은 공지 하나가 눈에 들어왔기 때문이다.

[인사 공지]

희망퇴직 시행 안내 – 55세 이상 전 직원 대상

문장을 읽는 데는 3초도 걸리지 않았지만, 가슴 한쪽이 조여오는 느낌은 쉽게 가시지 않았다. "결국… 올 게 왔구나."

머릿속이 복잡해졌다. 당장 쫓겨나는 것도 아닌데, 심장은 이상할 정도로 빠르게 뛰었다. '나도 대상이겠지? 지금 나가도 괜찮을까? 아직 조금 더 버틸 수는 없을까?' 엘리베이터를 기다리는 짧은 순간에도 김부장의 손은 자신도 모르게 연금 앱을 켜고 있었다.

책상에 앉자마자 동료들의 수군거림이 들렸다. 대상자냐 아니냐, 위로금은 얼마냐는 질문들이 공중을 떠다녔다.

"부장님도 대상이시죠?" "이번에는 위로금이 꽤 나온다던데요." "그래도 막상 나오라면 불안하죠…"

김부장은 엷은 미소를 지으며 고개를 끄덕였지만, 속으로는 전혀 다른 생각을 하고 있었다. '나는 지난 5년 동안 이 순간을 대비해왔다.'

막연한 불안으로 국민연금 예상액을 처음 확인했던 날부터, 세전이 아닌 '세후 현금흐름'을 목표로 엑셀 시트와 씨름하던 날들이 주마등처럼 스쳐 지나갔다. 그 공부의 시간이 있었기에 김부장은 동요하지 않고 노트를 펼칠 수 있었다. 그곳에는 이미 결론이 적혀 있었다.

"퇴직은 소득의 끝이 아니라, 구조의 시작이다."
김부장은 망설임 없이 희망퇴직을 선택했다.

희망퇴직 확정 후, 김부장이 가장 먼저 확인한 것은 퇴직소득세였다. 인사팀에서 받은 자료를 검토하던 그의 눈이 커졌다.

- 퇴직금 및 위로금 합계: 4억 5,000만 원

  (퇴직금 2억 원 + 퇴직위로금 2억 5천만 원)

- 근속연수: 12년

"근속연수가 왜 이렇게 짧지?"

그제야 40대 초반, 내 집 마련을 위해 퇴직금 중간정산을 했다는 사실이 떠올랐다. 근속연수가 짧아지면 소득을 나눌 기간이 줄어들어 실효세율이 가파르게 올라간다. 김부장이 계산기를 두드려본 결과, 퇴직소득세는 무려 4천만 원대에 달했다.

"연금 구조는 다 짜놓았는데, 마지막에 세금이 발목을 잡나?" 많은 이들이 여기서 "어쩔 수 없다"라며 포기하지만, 김부장은 다시 상담센터로 향했다.

상담사는 김부장의 한숨 섞인 계산서를 보더니 곧바로 해결책을 제시했다.

"김부장님, 이건 1차 계산일 뿐입니다. 우리에게는 '퇴직소득세 세액정산 특례'라는 카드가 있습니다."

세액정산 특례제도는 과거에 중간정산을 했더라도 최종 퇴직시점에 전체 근속연수를 기준으로 세금을 다시 계산해주는 제도다. 방식은 간단하다. 과거 중간정산 당시의 퇴직금과 이번에 받는 퇴직금·위로금을 모두 합산한 뒤, 총 근속연수(김부장의 경우 25년)

를 적용해 세액을 재산출하는 것이다.

세액정산 특례 적용 전후 비교(김부장 사례)

구분	특례 적용 전 (12년)	특례 적용 후 (25년)
총 퇴직소득	4억 5,000만 원	5억 원 (4억 5천만 원 + 중간정산 5천만 원)
근속연수	12년	25년
적용 실효세율	약 10.7%	약 8.9%
최종 퇴직소득세	약 4,830만 원	약 4,040만 원 (4,455만 원 - 385만 원)

김부장은 다시 계산된 숫자를 보고 비로소 안도의 한숨을 내쉬었다. "이제야 숫자가 말이 되네."

그날 밤, 김부장은 자신의 노트에 오늘의 깨달음을 적었다.

퇴직이 무서운 이유는 돈이 없어서가 아니라, 제도를 모르기 때문이다. 5년 전 연금 공부를 시작하지 않았다면, 그는 지금도 계산서 한 장에 흔들리고 있었을 것이다.

· 퇴직위로금을 지키는 세금 재정산의 기술 ·

1. 퇴직금과 퇴직위로금은 반드시 '합산'해서 본다

• 희망퇴직 세금은 퇴직금 + 퇴직위로금을 합친 총 퇴직소득으로 계산된다.

• 김부장처럼 퇴직금 2억 원 + 위로금 2억 5천만 원 = 4억 5천만 원이 출발점이다.

• 퇴직금만 보고 판단하면 세금이 왜곡된다.

2. 근속연수가 짧게 나오면 '중간정산 이력'을 먼저 확인한다

• 퇴직소득세가 예상보다 크다면 대부분 과거 퇴직금 중간정산 때문이다.

• 초기 계산은 근속연수가 끊긴 것처럼 나오지만, 최종 기준은 다를 수 있다.

• 인사팀에 반드시 '중간정산 포함 재정산 가능 여부'를 확인해야 한다.

3. 세액정산 특례제도로 퇴직소득세를 다시 계산한다

• 중간정산 이력이 있어도 세액정산 특례제도를 적용하면 전체 근속연수를 기준으로 퇴직소득세를 다시 계산할 수 있다(조건 충족 시).

• 김부장은 이를 통해 '근속 25년 기준, 실효세율 약 8.9%'로 세금을 확정했다.

• 이는 중간정산 당시 받았던 퇴직금을 현재의 소득과 합쳐 전체 기간으로 나누는 원리로, 고액 위로금을 받는 경우 특히 유리하다.

4. 실효세율로 내 세금이 정상인지 검증한다

• 복잡한 계산식보다 중요한 건 실효세율이다.

• 퇴직소득세 ÷ 총 퇴직소득으로 계산해 근속연수와 금액 대비 과도하지 않은 지 직접 확인해야 한다.

• 산출된 세율이 근속연수와 수령 금액 대비 과도하게 높게 나타난다면, 계산 구조에 오류가 없는지 반드시 재점검한다.

5. 세금이 정리되면, 곧바로 '현금흐름 설계'로 넘어간다

• 희망퇴직의 핵심은 세금을 줄이는 게 아니라 퇴직금을 월급처럼 받는 구조로 바꾸는 것이다.

• 세금이 확정되는 순간부터 IRP 이전, 분할수령, 공백기(55~70세) 설계를 바로 연결해야 한다.

"빨리 은퇴해서 쉬고 싶다"라는 말의 치명적인 함정

직장인들을 만나보면 대부분 "일하기 싫다" "빨리 퇴직하고 싶다" "노후에는 쉬면서 놀 거다"라는 말을 한다. 당연한 생각인 듯 보이지만 여기에는 우리가 미처 생각지 못했던 함정이 있다.

얼마 전 고인이 되신 배우 이순재 씨는 직업이 연기자셨다. 평생 연기를 하면서 그만두기는커녕 무대 위에서 죽고 싶다는 이야기를 늘 하셨다. 이순재 씨에게 일은 무엇이길래 평생 하고 싶고, 나에게 일은 무엇이길래 빨리 퇴직하고 싶은 걸까?

매우 중요한 차이가 있다. 이순재 씨는 본인이 하고 싶은 일을 하면 살았다. 반면에 나는 남이 시키는 일을 하며 살았다. 좀 더 정확히 말하자면, 내가 다니는 회사 사장님이 하고 싶은 일을 위해 살고 있다. 삼성전자 직원이라면 번듯한 직장인으로 보이지만, 조선시대 표현을 빌리자면 '이재용 대감댁 노비'일 뿐이다. 노비는 대감님이 시키는 일을 해야 한다. 시키는 일이 재미있을 리 없다. 여기서 함정에 빠지면 안 된다. 내가 일하기 싫은 이유는 일 자체가 싫은 것이 아니다. 남이 시키는 일이 싫은 것이다.

인생 1막은 사장님의 목표를 위해 사장님이 시키는 일을 하며 살았다. 하지만 인생 2막은 내가 하고 싶은 일, 나를 위한 일을 하며 살아야 한다. 생각보다 긴 인생 2막, 은퇴해서 쉬면 안 된다.

chapter 15

퇴직위로금을 월급처럼 받는 방법
일시금 vs. 연금저축 vs. IRP

퇴직 확정 통보를 받은 다음 날, 김부장은 인사팀으로부터 한 통의 메일을 받았다.

[퇴직금 및 퇴직위로금 지급 안내]

퇴직금: IRP 이체

퇴직위로금: 일시금 / 연금저축 / IRP 중 선택

퇴직금 2억 원은 IRP로 자동이체되지만, 문제는 퇴직위로금 2억 5천만 원이었다. 이 돈을 어떻게 받느냐에 따라 이후 15년의 현금흐름이 완전히 달라진다는 사실을 김부장은 지난 5년의 공부로 잘 알고 있었다.

상담센터를 찾은 김부장은 가장 먼저 일시금 수령에 대해 물었다. 상담사는 고개를 끄덕이면서도 주의를 당부했다.

"일시금은 당장 쓰기엔 편하지만, 세금이 가장 많이 나오는 선택입니다."

퇴직위로금 수령 방식 비교

구분	현금 일시 수령	연금저축으로 이전	IRP로 이전 (55세 이상 유리)
세금 시점	퇴직소득세 8.9% 즉시 납부	과세이연 (인출 시 과세)	과세이연 (인출 시 과세)
세율 구조	즉시 퇴직소득세 부과	연금소득세로 전환 (퇴직소득세 30~50% 감면)	연금소득세로 전환 (퇴직소득세 30~50% 감면)
인출 가능 시점	즉시 가능	55세 이전 중도 인출 가능 (퇴직소득세 100%)	55세 전 중도 인출 불가
운용 자유도	자유	100% 투자형 가능	30% 이상 안전자산 보유 의무
추천 대상	현금 필요자	50대 초반 조기 퇴직자	55세 이후 은퇴자 (김부장)

연금저축이냐, IRP냐

상담사는 말했다. "김부장님처럼 55세 은퇴라면, IRP가 가장 구조적으로 맞습니다. 물론 상황에 따라서는 연금저축이 더 맞는 선택일 수도 있습니다. 언제 퇴직하느냐가 기준이 되죠."

상담사가 이어서 설명했다. "퇴직위로금을 일시금으로 받으면 퇴직소득세를 한 번에 전부 냅니다. 그게 가장 불리한 선택이에요."

반면 연금저축과 IRP는 두 가지 공통점이 있다. 첫째, 세금이 즉시 나오지 않는다. 둘째, 연금으로 받을 때 퇴직소득세가 감면된다. 즉, 세금만 놓고 보면 연금저축이든 IRP든 차이는 거의 없다. 두 계좌 모두 세금을 뒤로 미루고 연금 수령 시 감면 혜택을 준다는 공통점이 있지만, 결정적인 차이는 '55세 이전 인출 가능 여부'에 있다.

- 연금저축: 55세 이전에도 인출이 가능하므로 조기 퇴직 후 급전이 필요한 사람에게 유리하다. 다만 중도 인출 시에는 감면 혜택 없이 퇴직소득세를 그대로 내야 한다.

- IRP: 55세 이전 인출이 원칙적으로 불가능하지만, 연금으로 받을 경우 퇴직소득세 30~50% 감면된다. 은퇴 이후의 연금 흐름을 만드는 전용 통로로서의 성격이 강하다.

상담사는 이렇게 정리했다. "55세 이전에 희망퇴직했고 당장 써야 할 돈이 있다면 연금저축이 유리하고, 이미 55세가 넘었다면 IRP가 구조적으로 더 좋습니다."

김부장이 다시 물었다. "제가 55세에 희망퇴직했잖아요. 그럼 위로금도, 퇴직금도 다 IRP로 받아도 되는 거죠?"

상담사는 고개를 끄덕였다. "맞습니다. 55세 이후라면 법정 퇴직금과 퇴직위로금을 모두 IRP로 합쳐도 됩니다. 오히려 관리도 쉽고, 세금 구조도 가장 깔끔해요."

김부장은 고개를 끄덕였다. "위로금을 IRP로 옮기는 순간, 이 돈은 목돈이 아니라 국민연금을 기다리는 15년(55~70세)의 공백기를 버텨주는 돈이 되는군요."

김부장은 마음에 걸리던 말을 꺼냈다. "그런데 IRP는 인출을 못 한다고들 하잖아요?"

상담사는 웃으며 고개를 저었다. "못 꺼내는 게 아니라, '어떻게 꺼내느냐에 따라 세금이 달라질 뿐'입니다. 한마디로 '천천히 꺼낼수록 유리한 통장'이죠."

- **연금 수령 한도 내에서 꺼내면 → 세금 감면**
- **한도를 초과해 인출하면 → 세금이 다시 커짐**

"IRP는 묶어두는 통장이 아니라, 속도를 조절하는 통장입니다." 상담사가 설명을 이어갔다. "그래서 IRP에는 연금 수령 한도가 있습니다. 수령 한도는 인출 한도가 아니라 세금을 감면받으면서 인출할 수 있는 한도입니다. 다만 이 한도를 넘기면, 세금의 감면이 없을 뿐입니다."

- IRP 연금 수령 한도 공식

    - 한도 금액 = [연초 IRP 평가액 ÷ (11 − 연금연차)] × 120%

    - 한도 이내 인출: 퇴직소득세 30~50% 감면 적용

    - 한도 초과 인출: 퇴직소득세 100% 부과

"IRP는 조금씩, 오래 받을수록 세금이 줄어듭니다." 상담사가 말했다. 퇴직위로금 2억 5천만 원은 김부장에게 보너스도, 여유 자금도 아니었다.

- 국민연금 전까지 15년을 버티는 브릿지 자산

- 세금을 한 번에 내지 않기 위한 시간 분산 자금

- 퇴직 이후에도 월급을 유지하기 위한 현금흐름 엔진

"결국 중요한 건 얼마를 받느냐가 아니라, 얼마씩 얼마나 오래 받느냐구나." 이것이 2억 5천만 원이라는 숫자의 진짜 쓰임새였다.

· 퇴직위로금을 '평생 월급'으로 바꾸는 5단계 ·

1. 먼저 '퇴직 시점'을 기준으로 선택지를 나눈다

- 퇴직위로금 설계의 출발점은 나이가 아니라 '퇴직 시점'이다.
- 55세 이전에 퇴직해 당장 생활비가 필요하다면 중도 인출이 유연한 연금저축 이전을 우선적으로 고려한다.
- 55세 이후에 퇴직해 생활비를 IRP·국민연금으로 이어갈 수 있다면 구조적으로 안정적인 IRP로 일괄 이전한다.
- "지금 당장 써야 하는 돈인가, 아니면 은퇴 후 월급으로 쓸 돈인가"를 먼저 구분한다.

2. 일시금 수령은 '비교 대상'으로만 놓고 판단한다

일시금 수령 시	연금 이전 시
• 퇴직소득세 즉시 납부 • 세액 감면 없음 • 통장에 큰돈이 들어오지만, 관리 난이도 급상승	• 퇴직소득세 30~50% 감면 • 연금 흐름 확보 • 장기 현금흐름 안정

> "편해 보인다"는 이유만으로 일시금을 선택하지 않았는지 반드시 점검
> 한다.

3. 연금저축은 '55세 이전 공백기용 통장'으로 활용한다

- 연금저축의 최대 장점은 55세 이전에도 인출이 가능하다는 유연성에 있다.
- 비록 중도 인출 시 연금 세제 혜택은 사라지지만, 희망퇴직 후 국민연금이나 IRP가 개시되기 전까지의 급한 생활비를 조달하는 안전장치로 활용하기에 적합하다.

4. IRP는 '인출 제한 통장'이 아니라 '세금 조절 통장'이다

- IRP에서 인출은 가능하다. 다만 연금 수령 한도 내라면 세금이 최소화되고, 한도가 초과되면 세금은 증가한다.
- IRP는 돈을 묶어두는 통장이 아니라 얼마씩, 얼마나 나눠 꺼낼지 설계하는 통장이다. IRP를 선택할 때는 "얼마를 받을까"보다 "몇 년에 나눠 받을까"를 먼저 정한다.

5. 퇴직금·퇴직위로금은 '하나의 연금 구조'로 합쳐서 본다

- 법정 퇴직금과 퇴직위로금을 따로 관리하면 설계가 복잡해지고 효율이 떨어진다.
- 특히 55세 이후 퇴직자라면 모든 퇴직 재원을 IRP라는 하나의 바구니에 담아 단일화된 연금 구조를 만들고, 본인의 은퇴 주기에 맞춘 분할 기간(20~30년 등)을 설정해 안정적인 월급 체계를 완성한다.

> **체크포인트**
>
> 핵심은 "얼마를 받았는가"가 아니라 "이 돈이 매달 얼마의 월급을 만들 수 있는가"다.

IRP 관련 자주 묻는 질문 6

Q. 퇴직금을 일반계좌로 받았는데, 다시 IRP에 넣을 수 있나요?

A. 급여 계좌로 수령한 퇴직금을 지급받은 날로부터 60일 이내 퇴직소득원천징수서를 가지고 금융기관에 가서 IRP에 이체하면 원천징수한 퇴직소득세를 IRP로 받을 수 있습니다.

Q. 목돈이 필요합니다. 일부 인출 가능한가요?

A. 네, 가능합니다. 하지만 연금 수령한도만 연금소득세(퇴직소득세 30~50% 감면)로 과세되고, 한도 외 금액은 퇴직소득세 감면 없이 과세됩니다. 그래서 매년 한도만큼만 인출하는 것이 절세를 위해서 가장 좋습니다.

Q. 연금 수령 기간은 무조건 10년 이상으로 해야 하나요?

A. 무조건 10년 이상 연금으로 수령해야 하는 것은 아닙니다. 다만 세법상 연금 수령한도가 10년(기산연차 1년 차 적용 시) 동안 생성되기 때문에 매년 연금 수령한도 이내로 수령해야 전액에 대하여 절세 가능합니다. '2013.3.1. 전 연금계좌 가입자' 또는 '2013.3.1. 전 DB제도 가입자' 중 퇴직금 전액을 신규 연금계좌로 입금하는 경우에는 세법상 연금 수령 한도가 5년(기산연차 6년 차 적용) 동안 생성되

기 때문에 최소 5년간만 연금을 받아도 전액 절세 가능합니다.

Q. IRP/연금저축 운용수익이 2천만 원 이상일 경우 금융소득 종합과세에 해당되나요?

A. 아니요, 해당되지 않습니다. IRP와 연금저축으로부터 발생한 운용수익의 경우, 연금 수령 전까지 과세이연되며, 연금 수령 시 연금소득세(3.3~5.5%), 연금 외 수령 시 기타소득세(16.5%)로 과세 종결됩니다.

＊단, 운용수익 및 세액공제 받은 금액에 대한 연간 연금 수령액이 1,500만 원 초과 시 전액 종합소득과세 또는 16.5% 분리과세 중 선택

Q. 퇴직금을 연금으로 받으면 종합소득세와 건강보험료를 내야 하나요?

A. 퇴직금 원금을 연금으로 수령받는 동안에는 분리과세되므로 종합소득에 합산되지 않습니다. IRP에서 발생되는 모든 소득은 건강보험료 산정 시 소득점수에 반영되지 않아 건강보험료를 부과하고 있지 않습니다.

＊단, 퇴직금 원금으로부터 발생한 운용수익 연금수령 시점에 연 1,500만 원 초과 시 전액 종합소득과세 또는 16.5% 분리과세 중 선택

A. 네, 가능합니다. IRP는 은행, 증권, 보험 중 어느 금융기관이든 이전이 가능합니다. 이전할 때 현금이전을 하면 IRP 내에 있는 모든 상품을 매도 후 현금화시킨 뒤 이전이 되고, 현물이전을 하면 IRP 내 상품 그대로 이전이 가능합니다(현물이전이 불가한 상품의 경우 매도 후 이전).

새로운 삶의 시작

"연금은 돈이 아니라, 나의 시간을 되찾는 도구였다"

chapter 16

아빠의 월급은 사라지지 않는다
55세 이후의 월급표

저녁을 먹기 위해 식탁에 앉은 김부장은 숟가락을 내려놓고 잠시 숨을 골랐다. 퇴근길 내내 머릿속을 맴돌던 말을 꺼내기까지 생각보다 긴 시간이 필요했다.

"여보… 오늘 회사에서 희망퇴직 이야기가 나왔어."

순간 식탁 위의 공기가 멈췄다. 아내는 젓가락을 쥔 채 한동안 말을 잇지 못했다. "그럼… 이제 월급이 안 들어오는 거예요?" 아내의 목소리에는 숨길 수 없는 떨림이 묻어났다.

김부장은 고개를 끄덕였다. 하지만 그의 표정에는 당황이나 불안 대신 단단함이 서려 있었다. 그는 조용히 노트북을 열어 화면 하나를 띄웠다.

55세 이후, 우리 가족의 월급표

"퇴직금 2억이랑 위로금 2억 5천, 합쳐서 4억 5천만 원을 IRP로 옮겼어. 이 돈의 역할은 딱 하나야. 55세부터 69세까지, 국민연금이 시작되기 전 15년을 버텨주는 '브릿지 월급'이지."

김부장은 숫자를 하나씩 짚으며 설명을 이어갔다.

- 총 자금: 4억 5천만 원
- 수령 기간: 15년(55~69세)
- IRP 운용 수익률 가정: 연 5%
- 퇴직소득세:
  - 근속 25년 실효세율 8.9%
  - 연금 수령(15년) → 30~50% 감면
  - 실제 적용 세율 약 6.2%

퇴직소득세의 경우 근속 25년의 실효세율(8.9%)에 연금 수령 감면(30%)을 적용하면 실제 세금은 약 6.2% 수준으로 떨어진다.

"이 조건으로 계산하면 세후 기준으로 매달 약 338만 원 안팎의 현금흐름이 만들어져. 이건 자산을 불리는 게 목적이 아니라, 국민연금이 나올 때까지 우리 집 생활비를 끊기지 않게 이어주는

　　　　　　　　　　50세 김부장의 늦지 않은 연금 공부

다리 역할을 하는 거야."

김부장은 아내와 아이들에게 앞으로 35년간 이어질 '월급의 흐름'을 구체적으로 보여주었다.

개시 연령별 세후 월급표(브릿지 구조)

① 55~64세(브릿지 초기 10년)

구분	실 수령액	비고
IRP(퇴직금 + 위로금 4.5억 원)	338.6만 원	15년 브릿지, 연 5% 가정
IRP(적립형)	19.6만 원	30년 분할
연금저축	45.9만 원	30년 분할
합계	404.1만 원	국민연금 전 구간

② 65~69세(브릿지 후반 5년)

구분	세후 월 수령액	비고
IRP(퇴직금 + 위로금)	338.6만 원	동일
IRP(적립형)	19.6만 원	30년 분할
연금저축	45.9만 원	30년 분할
아내 국민연금	58.6만 원	소액 → 실질 세금 없음
합계	462.7만 원	안정 구간

③ **70~84세**(브릿지 연금 소멸)

구분	실수령액	비고
남편 국민연금(연기)	183.1만 원	평생 지급
연금보험(종신형)	60만 원	평생 지급
IRP(적립형)	19.6만 원	30년 분할
연금저축	47.9만 원	30년 분할
아내 국민연금	58.6만 원	평생 지급
아내 연금보험	30만 원	평생 지급
합계	399.2만 원	장기 안정

④ **85~90세**(초고령 구간)

구분	실수령액
남편 국민연금	183.1만 원
연금보험	60만 원
아내 국민연금	58.6만 원
아내 연금보험	30만 원
합계	331.7만 원

아내는 한참 동안 표를 바라보다가 나직이 말했다. "월급이 끊겨도 매달 400만 원 이상은 들어오네." 김부장은 고개를 끄덕였다.

"불안은 돈이 없어서가 아니라, 다음 달에 얼마가 들어오는지 모를 때 생기는 법이거든. 그래서 이걸 '연금'이라 부르지 않고 '월급표'라고 부른 거야."

옆에서 듣던 아이들이 물었다. "아빠, 그럼 이제 회사 안 가도 괜찮은 거야?" 김부장은 환하게 웃으며 대답했다.

"괜찮아. 아빠 월급, 이미 만들어놨거든."

· 가족에게 믿음을 주는 '브릿지 월급표' 설계법 ·

1. 퇴직금·퇴직위로금은 '평생 연금'이 아니라 역할부터 정하라

· 이는 국민연금이 개시되기 전까지의 소득 공백을 메우는 '브릿지 자산'으로 역할을 한정하는 것이 현실적이다.

· 55세부터 70세까지의 15년을 책임지는 든든한 다리를 먼저 놓아야 노후 전체가 흔들리지 않는다.

2. 브릿지용 IRP는 10~20년 분할 수령을 기준으로 설계한다

· 10년 이상을 선택하면 퇴직소득세 30~50% 감면 혜택을 누리면서도 자산의 수명을 안정적으로 유지할 수 있다.

· 당장의 과도한 인출은 피하고 세액 감면 한도 내에서 지속 가능한 현금흐름을 만드는 데 우선순위를 둔다.

3. 브릿지 구간에는 '수익률'보다 '끊김 없는 현금흐름'이 중요하다

· 연금을 수령하는 기간도 예금보다 수익률을 높여야 연금 소멸을 늦추거나 월 연금액을 높일 수 있다.

· 연 5% 내외의 운용이 적합하다.

4. 국민연금 개시 시점과 정확히 맞물리도록 설계하라

• 브릿지 종료 시점 = 국민연금 개시 시점으로 일치시킨다.
• 김부장의 사례처럼 70세 연기연금 개시에 맞춰 15년 브릿지 구조를 짜는 것이 가장 이상적이다.

5. 가족에게는 말이 아니라 '표'로 보여줘라

• "괜찮을 거야"라는 말보다 "매달 얼마가 들어온다"는 한 장의 표가 가족의 불안을 안심으로 바꾼다.

chapter 17

월급은 끝났지만,
연금은 멈추지 않는다.

마지막 출근일 아침. 김부장은 늘 하던 대로 사원증을 목에 걸었다가 잠시 멈춰 섰다. 그는 사원증을 가방 깊숙이 넣었다. 25년 동안 반복되던 하루의 시작이 그날로 끝났다.

"이제 정말… 끝이구나."

회사 건물을 나서며 그는 묘한 감정에 휩싸였다. 허전함도, 시원함도 있었다. 하지만 무엇보다 컸던 감정은 '막막함이 없다는 사실'이었다. 이미 알고 있었기 때문이다. 월급은 끝났지만, 현금흐름은 끝나지 않는다는 것을.

퇴직 후 첫 달. 아침 일찍 눈을 뜬 김부장은 습관처럼 스마트폰을 집어 들었다. 급여일이 아님에도 통장을 확인하고 싶은 마음이 들었다. 그리고 화면에 찍힌 선명한 숫자들을 확인했다.

[입금] IRP 퇴직금형 　　3,386,000원

[입금] 연금저축 　　459,000원

[입금] IRP 적립형 　　196,000원

합계 　　약 4,041,000원

김부장은 잠시 말없이 화면을 바라보다가 작게 웃었다. "그 래… 이제 회사 월급이 아니라, 내가 설계한 월급이 들어온 거네."

회사에서 주던 급여와는 성격이 달랐다. 성과 평가도, 상사의 결재도, 지루한 보고서도 필요 없는 돈. 그저 시간이 되면 시스템에 의해 자동으로 들어오는 월급이었다.

마지막 월급 다음 달의 실제 세후 소득 구조

구분	월 수령액(세후)	비고
IRP 브릿지 월급 (퇴직금＋위로금)	338.6만 원	55~69세, 15년
IRP 적립형	19.6만 원	30년 분할
연금저축	45.9만 원	30년 분할
합계	약 404만 원	국민연금 전 구간

김부장은 표를 다시 한번 확인했다. 가족에게 보여줬던 바로 그 숫자였다.

'계산으로만 존재하던 월급이, 이제는 현실이 됐구나.'

퇴직 후 첫 주는 어색함의 연속이었다. 아침 7시에 눈이 떠졌지만 갈 곳이 없었다. 양복 대신 편한 옷을 입고 집 근처를 천천히 걸었다. 평일 오전의 동네는 낯설 만큼 한산했다. 하지만 통장에 찍힌 숫자가 그 어색함을 조금씩 지워주었다.

'아무것도 하지 않았는데, 생활비는 들어오고 있네.'

그는 깨달았다. 월급이 사라진 게 아니라, 월급의 출처만 바뀌었을 뿐이라는 사실을 말이다.

며칠 뒤, 김부장은 노트에 이렇게 적었다. 월급이 끊겨서 불안한 게 아니다. 다음 달에 얼마가 들어올지 모를 때 사람이 불안해진다. 회사에 다닐 때도 실은 월급이 확정적이지 않았다는 걸 그는 뒤늦게 알았다. 성과, 조직 개편, 구조조정… 늘 변수가 있었다. 하지만 지금은 달랐다.

- IRP 브릿지 월급: 69세까지 확정
- 연금저축·IRP 적립형: 기간과 금액이 정해짐
- 국민연금: 70세부터 평생

모든 흐름이 표로 보이고, 숫자로 설명되는 구조였다.

그날 저녁, 김부장은 다시 통장을 열어보며 생각했다. 퇴직이 두려운 진짜 이유는 월급이 끊겨서가 아니었다. 대신 들어올 월급을 준비하지 않았을 때의 막막함이 두려운 것이었다. 연금은 단순한 노후 자금이 아니었다. 월급이 끝난 다음에도 삶의 리듬을 유지해주는 가장 강력한 안전장치였다.

· '설계된 월급'을 내 것으로 만드는 5단계 ·

1. 퇴직 다음 달을 기준으로 실제 입금 시뮬레이션을 해보라

- '연 얼마'가 아니라 '다음 달 통장에 찍히는 금액'이 기준이다.
- 세금과 수수료를 모두 제외한 최종 입금액을 미리 확인한다.

2. IRP·연금저축·적립형의 입금 날짜를 분산하라

- 모든 연금을 같은 날 받기보다 월초·월중·월말 등으로 나누어 '한 달에 여러 번 입금되는 구조'를 만든다. 한 달에 여러 번 입금되면 심리적 안정감이 커진다.

3. 브릿지 월급은 '생활비 통장'으로 바로 연결하라

- 실제 지출이 일어나는 생활비 통장으로 자동이체되도록 설정한다.
- 자산이 아닌 '월급'으로 인식되어야만 소비의 규모를 조절할 수 있다.

4. 첫 연금 입금일 이후에 은퇴 예산표를 다시 작성하라

- 퇴직 전 세웠던 예산과 실제 은퇴 후의 소비 패턴은 달라진다.
- 첫 달의 입금 내역과 실제 지출을 대조하며 예산안을 수정한다.

5. 통장에 찍힌 숫자를 가족과 다시 공유하라

- 복잡한 설명이나 계산표보다 강력한 것은 통장에 찍힌 '입금 내역 한 줄'이다.

chapter 18

연금 이후의 삶
생계가 아닌 선택의 문제

퇴직 후 몇 달이 지나자, 김부장의 하루는 완전히 다른 리듬으로 흘러가고 있었다. 아침에 눈을 떠도 "오늘은 뭘 해야 하지?"라는 조급함이 없었다. 이미 매달 들어오는 연금이 그의 생활비 대부분을 책임지고 있었기 때문이다. 그는 이제 '돈을 벌기 위해 일해야 하는 사람'이 아니었다. 그 대신 하고 싶은 일을 선택할 수 있는 사람이 되어 있었다.

퇴직 전의 일은 늘 같았다. 월급이 끊기면 안 되니까, 싫어도 버텨야 했고 지쳐도 멈출 수 없었다. 하지만 지금은 달랐다.

"연금이 기본 생활비를 채워주니까, 일을 해도 되고, 안 해도 되는 상태가 됐어."

김부장은 이 차이가 얼마나 큰지 퇴직 후에야 실감했다. 연금이 그에게 선물한 것은 단순히 '놀 수 있는 자유'가 아니었다. 돈 걱정 없이 선택할 수 있는 자유, 싫은 일을 하지 않아도 되는 자유, 필요하면 쉬고, 하고 싶으면 다시 시작할 수 있는 자유였다.

그래서 그는 '퇴직 후 무엇을 할까?'라는 질문 앞에서 두렵지 않았다.

어느 날, 예전에 함께 일하던 후배에게서 연락이 왔다. 후배들을 대상으로 은퇴 준비에 관한 간단한 강연을 해달라는 부탁이었다. 김부장은 잠시 고민했지만, 이내 고개를 끄덕였다. "그래, 그 정도라면 해볼 수 있겠네."

강의는 소박했다. 한 번에 10명 남짓한 인원이었고 보수도 많지 않았다. 하지만 그는 이전과는 다른 만족감을 느꼈다.

"이건 생계를 위한 일이 아니라 내가 하고 싶어서 하는 일이라서 그런 거군."

강의가 몇 번 이어지자 지역 커뮤니티 칼럼 기고나 사내 교육 요청 등 작은 일들이 꼬리에 꼬리를 물고 찾아왔다. 매달 수입은 30만~70만 원 내외로 들쭉날쭉했지만, 김부장은 이 소득을 '삶의 보너스'라고 정의했다. 이 돈은 여행 경비가 되기도 했고, 취미 비용이 되기도 했고, 아내와의 외식비가 되기도 했다.

  50세 김부장의 늦지 않은 연금 공부

구분	월평균
연금 실수령액	약 400만 원
선택형 활동 소득	30만~70만 원
합계 체감 생활비	약 430만~470만 원

김부장은 이 구조를 보며 혼잣말처럼 중얼거렸다. "이 정도면… 돈 때문에 선택을 바꾸지 않아도 되겠네."

퇴직 후의 일은 예전과 전혀 다른 감정으로 다가왔다. 수익이 적어도 불안하지 않고, 일이 없어도 조급하지 않고, 하고 싶지 않으면 멈출 수 있었다. 연금이 바닥을 단단히 받쳐주고 있었기 때문이다. 김부장은 깨달았다.

연금은 '일을 하지 않아도 되는 돈'이 아니라 '일을 선택할 수 있게 해주는 돈'이라는 것을.

그는 이제 은퇴 이후의 삶을 이렇게 정의한다. "연금이 생계를 책임지고, 일은 의미를 채운다." 그리고 이 구조야말로 자신이 원하던 은퇴의 모습이었다. 김부장은 더 이상 "은퇴 후에 뭘 먹고 살지?"를 고민하지 않는다. 대신 이렇게 생각한다.

"연금이 있으니, 이제 나는 내가 하고 싶은 일을 하며 살아도 된다."

· 연금 이후의 일을 준비하는 법 ·

1. 연금으로 생활비의 70~80% 이상을 먼저 채워라

- 연금이 생활비의 대부분을 책임지는 구조를 먼저 완성해야 일이 '선택'이 된다.

2. 퇴직 후 바로 큰일을 만들려고 하지 마라

- 강의, 글, 상담처럼 작게 시작해도 충분하다.
- 가볍게 시작한 작은 일들이 꼬리에 꼬리를 물고 이어지며 자연스럽게 새로운 커리어가 형성되는 과정을 즐겨야 한다.

3. 수입보다 '지속 가능성'을 기준으로 선택하라

- 오래 할 수 있는 일이 결국 가장 큰 자산이 된다.

4. 벌어들인 돈은 생활비가 아닌 '보너스'로 써라

- 이 소득을 생활비에 편입시키지 않고 여행, 취미, 선물 등 삶을 풍요롭게 하는 용도로만 사용한다.
- 심리적 여유가 완전히 달라진다.

5. 연금과 일의 역할을 명확히 나눠라

· 연금은 안정, 일은 의미다.

· 두 축이 조화를 이룰 때 비로소 은퇴 이후의 삶은 '버티는 시간'에서 '나아가
는 시간'으로 바뀐다.

chapter 19

은퇴해도 불안하지 않는 이유, 생활비 충족률

강의를 마치고 집으로 돌아오던 저녁, 김부장은 문득 발걸음을 늦췄다. 예전 같으면 월급날이 다가오는지, 통장 잔고가 얼마나 남았는지부터 확인했을 시간이다. 하지만 지금은 달랐다. "이상하네. 요즘은 돈 걱정을 거의 안 하네." 그 이유는 명확했다. 그는 더 이상 '얼마를 버느냐'라는 잣대로 자신의 은퇴를 판단하지 않았기 때문이다.

퇴직 전, 김부장은 막연하게 '월 400만 원은 있어야 안정적인 노후'라고 생각했다. 하지만 은퇴 후 연금 구조를 하나씩 완성해가면서 그의 생각은 바뀌었다. 중요한 것은 400만 원이라는 절대적인 액수가 아니라, 내가 실제로 쓰는 생활비를 연금이 얼마나 뒷받침해주느냐였다.

그가 발견한 새로운 기준은 바로 '생활비 충족률'이었다.

$$\text{생활비 충족률(\%)} = \frac{\text{연금 실수령액(세후)}}{\text{필요 생활비(세후)}} \times 100$$

생활비 충족률은 아주 단순하다. 연금 실수령액을 필요한 생활비로 나눈 비율이 높을수록 은퇴 후 불안은 줄어든다. 김부장은 퇴직 직전 이렇게 정리해두었다.

김부장의 연령대별 생활비 충족률

구간	세후 월 수령액	목표 생활비	충족률
55~64세	약 404만 원	400만 원	101%
65~69세	약 462.7만 원	400만 원	116%
70~84세	약 397만 원	400만 원	99%
85~90세	약 331.7만 원	400만 원	83%

표를 한참 바라보던 김부장은 조용히 고개를 끄덕였다. 70세 이후 구간에서는 100%를 달성하지는 못했지만, 신기하게도 예전과 같은 불안함은 느껴지지 않았다. 김부장이 100% 충족률에 집착하지 않게 된 데는 명확한 이유가 있었다.

첫째, 지출은 나이가 들수록 자연스럽게 줄어든다. 50대에는 교육비, 대출 상환, 활동적인 소비가 정점을 찍지만, 60대부터

　　　　　　　　　　　　　50세 김부장의 늦지 않은 연금 공부

는 소비 구조가 조정되고, 70대 이후에는 필수 지출 위주로 재편된다. 80대 이후에는 생활비 자체가 감소하므로, 모든 구간에서 400만 원을 유지할 필요는 없었다.

둘째, 연금은 끊기지 않는다. 월급은 끊기는 순간 공포가 시작되지만, 연금은 매달 자동으로 들어온다. 80%를 매달 확실하게 받는 구조가 100%를 불확실하게 기대하는 것보다 훨씬 안정적이라는 사실을 그는 몸소 체험했다.

셋째, 연금 외 소득은 '보너스'다. 강의나 글쓰기 등으로 발생하는 월 30만~70만 원의 추가 소득은 체감 생활비 충족률을 순식간에 90~105%까지 끌어올렸다. 연금은 삶의 단단한 바닥을 만들고, 일은 그 위를 채우는 구조였다.

김부장은 이제 은퇴 성공을 이렇게 정의한다. 은퇴 성공이란 생활비의 80~100%가 끊김 없이 들어오는 구조를 만드는 것이다. 그리고 그 구조를 이미 갖고 있다는 사실이 그를 가장 편안하게 만들었다.

그날 밤, 김부장은 노트 한쪽에 이렇게 적었다.

"나는 더 이상 돈 걱정 없는 사람이 되려고 애쓰지 않는다. 대신 생활비가 채워지는 사람이 되었다."

그리고 그 순간, 그는 확신했다. 은퇴는 이미 성공 궤도에 올라와 있었다.

· 생활비 충족률로 은퇴를 판단하라 ·

1. 은퇴 목표는 금액이 아니라 비율로 설정하라

- '월 400만 원'이라는 절대적인 금액보다 '내 생활비의 몇 %를 연금이 채우고 있는가'가 은퇴의 질을 결정한다.

2. 세전 금액은 버리고, 세후 실수령 기준으로 계산하라

- 통장에 찍히는 숫자만 의미가 있다.
- 세금과 건강보험료를 차감하고 내 통장에 실제로 찍히는 숫자만이 은퇴 생활을 지탱하는 실질적인 자원이다.

3. 전 구간 100%를 목표로 하지 마라

- 나이가 들수록 활동 반경이 좁아지고 소비 구조가 필수 지출 위주로 재편된다는 점을 고려해야 한다.
- 생활비의 70~90%면 충분히 안정적이다.

4. 연금은 고정, 일은 선택이라는 구조를 만들어라

- 은퇴 후의 불안 대부분 '소득 단절'에서 온다.

5. 생활비 충족률 표를 직접 만들어보라

- 숫자가 보이면 불안은 사라진다.
- 50대부터 90대까지 각 시기별 예상 연금액과 예상 생활비를 나열하고, 그 충족률을 눈으로 확인하는 과정 자체가 은퇴 준비의 가장 강력한 실천이다.

chapter 20

김부장의 두 번째 월급날,
내가 설계한 인생이 흘러간다

아침 7시. 햇살이 커튼 틈 사이로 부드럽게 들어왔다. 김부장은 알람 없이 눈을 떴다. 퇴직 전에는 절대 있을 수 없던 일이다. 눈을 떠도 마음이 편안했다. 오늘은 '월급날'이었다. 회사에서 받는 월급이 아니라, 그가 직접 만든 두 번째 월급이 들어오는 날. 김부장은 미소를 지으며 스마트폰을 켰다.

[입금] IRP 퇴직금형	3,386,000원
[입금] 연금저축	459,000원
[입금] IRP 적립형	196,000원
합계	약 4,041,000원

"그래… 이제는 회사가 아니라 내가 만든 시스템이 나를 먹여 살리는 거지." 그가 중얼거렸다.

주방에서는 아내가 커피를 내리고 있었다. 둘은 퇴직 후 매일 함께 마시던, 여유로운 모닝 루틴을 시작했다.

"오늘 강의는 몇 시에 있어요?" 아내가 물었다. "오후 2시에 한 타임. 그리고 저녁에는 칼럼 마감해야지." 아내는 미소 지었다. "이제 정말 '당신의 시간표'를 살고 있네요."

퇴직 전의 일정은 모두 회사가 주는 것이었지만, 지금은 그의 관심·취미·의미가 하루를 채우고 있었다. 강의 준비, 글쓰기, 후배 상담, 운동, 가족과의 시간. 이 모든 것이 김부장의 새로운 직업이 되었다.

오후 강의가 시작되었다. 은퇴를 앞둔 50~60대 후배들 앞에서 '은퇴 뒤 30년의 현금흐름'을 주제로 이야기를 풀어나갔다. 사람들은 고개를 끄덕이며 연신 메모를 멈추지 않았다.

강의가 끝난 후 한 수강생이 다가와 말했다. "선생님, 말씀을 들으니 은퇴가 덜 무서워졌어요." 그 말 한마디에 김부장의 가슴 어딘가가 따뜻해졌다. 나도 누군가의 인생에 도움이 되는 사람이라는 확신. 퇴직 후에도 일을 계속하게 된 이유는 생계가 아니라 바로 이 '가치' 때문이었다.

집에 돌아오니 아내와 아이들이 저녁을 준비하고 있었다. 야근과 회식, 보고서 작성으로 점철되었던 예전에는 꿈도 꾸지 못했던 평일 저녁의 풍경이다. 밥상 앞에서 대화가 끊이지 않았다.

"여보, 요즘 가족끼리 함께하는 시간이 많아져서 정말 좋아요." 아내의 말에 아들도 거들었다. "아빠가 평일에 집에 있는 게 아직은 좀 어색한데… 그래도 좋긴 해요." 김부장은 미소 지었다. 이것이 바로 두 번째 월급날이 가져다준 진짜 가치였다.

김부장은 요즘 자주 생각한다. '연금이 준 건 돈이 아니라 시간이었구나.' 경제적 기반이 안정되니 무언가를 스스로 선택할 수 있게 되었다. 하고 싶은 강의를 고르고, 하기 싫은 일은 거절하고, 가족과의 약속을 미루지 않아도 되는 삶. 이 모든 건 연금이 만들어준 안정적인 바닥 덕분이었다.

김부장은 이제 연금을 이렇게 정의한다. 연금은 소비를 늘리는 돈이 아니라 선택권을 지켜주는 돈이다. 생활비의 대부분은 연금으로 충당되고, 강의와 글쓰기에서 나오는 소득은 '있으면 좋은 돈'이 된다. 그 구조 덕분에 그는 더 이상 돈에 쫓기지 않았다.

그날 밤, 김부장은 노트 마지막 장에 이렇게 적었다.

첫 번째 월급은 회사가 주는 돈이었다. 두 번째 월급은 내가 설계한 삶이 주는 결과다. 은퇴는 끝이 아니었다. 월급의 주인이 바꿔는 순간이었다. 그리고 그는 알았다. 이제부터의 인생은 불안을 관리하는 시간이 아니라, 선택을 누리는 시간이라는 것을. 김부장은 오늘도 조용히 하루를 마무리한다. 회사에 보고할 사람은 없지만, 스스로에게는 말할 수 있었다.

"오늘도 잘 굴러갔다. 내가 만든 인생이." 이것이 그가 말하는 두 번째 월급날의 진짜 의미였다.

· '두 번째 월급날'을 맞이하는 마음가짐 ·

1. 은퇴 전, '월급 대체 구조'를 반드시 숫자로 확인하라

- 국민연금, IRP, 연금보험 등 각 연금의 수령액을 합산하여 회사 월급을 대체할 수 있는 구체적인 현금흐름을 숫자로 시뮬레이션해야 한다

2. 연금은 생활비, 일은 선택이라는 구조를 분리하라

- 연금으로 기본 생활비라는 바닥을 먼저 단단히 다져야만, 생계를 위해 억지로 일하는 굴레에서 벗어나 일의 주도권을 되찾을 수 있다. 핵심은 자유다.

3. 첫 연금 입금일을 새로운 기준점으로 삼아라

- 회사에서 주던 월급이 끊긴 뒤 처음으로 내 시스템이 만든 돈이 입금되는 날은 인생의 전환점이다.
- 이날을 기점으로 삶의 리듬을 재편하고, 나만의 시간표를 따라야 한다.

4. 돈이 아니라 시간을 어떻게 쓰고 싶은지 먼저 정리하라

- 연금의 목적이 분명해진다. 돈이 확보된 뒤에 남겨진 방대한 시간을 무엇으로 채울지에 대한 고민이 선행되어야 한다.

5. 두 번째 월급을 '당연한 시스템'으로 만들어라

- 불안은 사라지고 일상이 남는다.

대한민국은 지금 변비에 걸려 있다

"월급 받으면 저축부터 해라." "불 좀 꺼라, 물 좀 아껴 써라."

어렸을 때부터 귀에 못이 박히도록 들어온 말이다. 지난 수십 년 동안 대한민국은 엄청난 경제성장을 이루었다. 경제가 성장하기 위해 돈이 필요했고 가계도 기업도 국가도 돈을 모으고 자본을 축적해서 경제를 발전시켰다. 그때는 그래야 했다.

그런데 지금 대한민국의 경제는 과거와 많이 달라졌다. 과거에는 도로를 깔고 공장을 건설하기 위해 돈이 필요했지만 현재는 공장이 돌아가려면 물건이 팔려야 한다. 저축보다 소비가 더 중요한 사회로 변모하고 있다.

이는 인간의 성장 과정과도 유사하다. 성장기 어린아이는 많이 먹어서 에너지를 축적해야 한다. 하지만 성인이 되어서도 계속 먹기만 하면 각종 성인병에 걸리게 된다. 성인이 건강해지려면 잘 먹는 것과 함께 잘 배출해야 한다.

현재 대한민국 경제가 성장하려면 소비가 활성화되어야 한다. 그런데 자산 축적에 성공한 세대들은 수많은 자산을 보유하고 있음에도 불구하고 여전히 돈 모으는 것에 더 집착하고 있다. 그러다 보니 부동산 가격은 폭등하지만 자영업과 민생경제는 어려워지고 있다. 인간으로 보자면 먹기만 하고 싸지 못하는 질병, 변비에 걸린 셈이다.

소비가 활성화되면 기업이 살아난다. 기업이 살아나면 일자리가 늘어난다. 일자리가 늘어나면 청년들의 가계가 안정된다. 청년 가정이 안정되면 출산율이 늘어난다.

결국 자산을 축적해온 기성세대들이 지금까지 모아온 돈을 잘 써주는 것이 대한민국 경제를 부흥시키는 원동력이 된다. 그런데 목돈을 들고 있으면 마음껏 쓸 수 없다. 자산은 줄어드는데 언제까지 살지 알 수 없기 때문이다. 이때 평생 걱정 없이 소비할 수 있게 해주는 가장 적절한 자산이 바로 연금이다.

사람은 잘 싸야 건강해진다. 경제는 잘 써야 건강해진다. 먹었으면 싸야 한다. 모았으면 써야 한다. 지금, 대한민국은 주식 부동산보다 연금이 더 필요하다.

지금 당장,
당신의 연금을 시작하라

퇴직한 지 어느새 15년이 흘렀다. 김부장은 오늘도 직접 내린 커피 향을 맡으며 창밖을 바라본다. 공원 벤치에서 아이와 함께 웃고 있는 젊은 부부의 모습에서 지난날의 자신을 떠올린다. 불안과 막연함 속에서 처음 '연금'이라는 단어를 검색하며 밤을 지새우던 그 시절을 말이다.

"그때 시작하지 않았다면, 지금의 나는 없었겠지."

그는 이제 확신한다. 연금은 돈의 문제가 아니라 삶을 대하는 태도의 문제라는 것을. 퇴직 후에도 '일상'을 유지하게 해주고, 불안보다 안정이 먼저 찾아오는 삶을 가능하게 해주는 유일한 제도라는 사실을 말이다.

김부장은 후배들에게 늘 말한다. "연금은 늦었다고 생각하는 그 순간이 바로 시작할 때다."

그는 50세가 되어서야 비로소 체계적인 준비를 시작했다. IRP

계좌를 개설하고, 부족한 종신 소득을 위해 연금보험을 들었다.

그로부터 15년이 지난 지금, 그의 통장에는 매달 세후 344만 원의 '두 번째 월급'이 입금된다. 그는 더 이상 회사의 급여 명세서를 기다리지 않는다. 대신 자신이 직접 설계한 '은퇴 명세서'를 받는다. 그 안에는 숫자로 환산할 수 없는 시간의 자유와 마음의 안정이 담겨 있다.

지금까지의 이야기는 특별한 자산가나 부자의 성공담이 아니다. 서울에 살며 자녀를 키우고, 조직 안에서 치열하게 버티며 일해온 평범한 직장인의 기록이다. 그는 단지 한 가지를 선택했을 뿐이다. 막연한 불안을 구체적인 준비로 바꾸는 것.

연금은 '나중'의 문제가 아니다. 퇴직이 코앞에 닥쳐서야 허둥지둥 대책을 세우는 임시방편도 아니다. 연금은 지금 이 순간부터 관리해야 하는 '삶의 시스템'이다. 당신이 30대든, 40대든, 혹은

50대든 상관없다. 당신의 통장에 두 번째 월급을 만드는 준비는
바로 오늘부터 시작될 수 있다.

당신의 두 번째 월급을 위한 3단계 실천 전략

단계	해야 할 일	비고
① 국민연금	예상 수령액을 확인하고 부족분을 계산하라	'내 곁에 국민연금' 앱 활용
② IRP 계좌	퇴직금 이체 및 추가 납입, 세액공제 활용	연 900만 원 한도
③ 연금저축·연금보험	비과세/세액공제 혜택 비교 후 분산 설계	연금보험은 세금 제외 자산

핵심은 단 하나다. 지금의 소득 중 일부를 '미래의 월급'으로 미
리 옮겨두는 것이다. 그것이 당신의 두 번째 인생을 지켜줄 가장
확실한 방법이다.

커피잔을 내려놓고 창밖의 하늘을 본다. 햇살은 따뜻하고, 미풍은 커튼을 살랑인다. 김부장은 조용히 미소 짓는다. "연금은 인생을 멈추게 하지 않는다. 오히려 다시 시작하게 한다."

그가 말하는 '늦지 않은 연금 공부'는 결국 이런 뜻이었다. 늦게라도 시작하면 인생은 다시 흐른다. 그리고 그 흐름은 불안이 아니라 안정과 자유로 이어진다. 이제 당신의 차례다. 오늘이 당신의 연금 첫날이며, 인생의 두 번째 월급날을 향한 첫걸음이다.

불안은 피할 수 없지만, 준비는 언제든 시작할 수 있다. 지금 바로 당신의 연금을 시작하라. 언젠가 당신의 통장에도 이 선명한 한 줄이 찍히길 바란다.

[입금] 나의 두 번째 월급 4,041,000원

나의 연금 준비 점검표

(국민연금 · IRP · 연금저축 · 연금보험)

"연금 준비의 출발점은 계산이 아니라 점검이다."

연금 준비는 막연한 불안에서 시작되지만, 안정은 항상 현실적인 점검에서 만들어진다. 이 부록은 국민연금, 퇴직연금(IRP), 연금저축, 연금보험을 각각 가입 여부·금액·수령 시점 기준으로 정리해 지금 나의 연금이 어디까지 와 있는지를 한눈에 보여준다. 모르는 상태에서 '걱정하는 연금'이 아니라, '보이는 연금'으로 바꾸는 첫 단계다.

① **국민연금 점검표**

항목	내 현황	점검 포인트	비고
예상 수령 개시 시점	☐ 60세 ☐ 65세 ☐ 기타	1969년생 이후 출생자는 원칙적으로 65세 개시	
현재 가입기간	☐ 10년 미만 ☐ 10~20년 ☐ 20년 이상	10년 이상 납입해야 연금 수급 자격 발생	
예상 수령액(월)	__________원	'내 곁에 국민연금' 앱 또는 국민연금공단 홈페이지에서 확인	
납입 중단 기간	☐ 있음　☐ 없음	납입 공백이 있으면 추후납부 가능 여부 검토	
추후납부 신청 여부	☐ 완료　☐ 미신청	과거 미납기간을 채우면 수령액 상승	
연금 개시 후 과세 여부	☐ 인지함　☐ 모름	과세 대상(연금소득세)임을 인지해야 함	
부부 합산 수령액	__________원	가구 단위 생활비 대비 수령액 확인	

실천 포인트

- '내 곁에 국민연금' 앱에서 예상연금액 확인 후, 목표 생활비와 차이를 계산하라.

- 추후납부 제도를 활용하면 가입 기간 월 수령액이 증가한다.

- 배우자와의 합산 기준으로 생활비 충족률을 계산해보라.

② 퇴직연금(IRP) 점검표

항목	내 현황		점검 포인트	비고
퇴직금 이체 여부	☐ 완료 ☐ 미이체		퇴직 시 IRP로 이체해야 퇴직소득세 30~50% 감면 가능	
납입 여부	☐ 매월 납입 ☐ 비정기 납입 ☐ 없음		연 900만 원까지 세액공제 혜택 가능	
운용상품 구성	☐ TDF ☐ 혼합형	☐ 채권형 ☐ 기타	주식 100% 불가, TDF·자산배분형 권장	
예상 수령 시점	☐ 55세 ☐ 60세 ☐ 기타		55세 이후 연금 수령 가능	
예상 수령 기간	☐ 10년 ☐ 20년 ☐ 30년 이상		30년 이상 분할 시 세금 절감 효과	
연금 수령 시 세율	☐ 퇴직소득세 적용 (30~50% 감면)		과세이연 구조, 분할수령 시 절세 효과	
IRP 계좌 잔액	__________원		총 잔액과 적립 비율 확인	

실천 포인트

- IRP는 퇴직금 관리와 절세를 동시에 해결할 수 있는 핵심 계좌다.

- TDF(타깃데이트펀드)를 통해 자동 자산배분이 가능하다.

- 퇴직 전 IRP 개설 → 퇴직 후 이체 → 장기 운용 순으로 계획하라.

③ 연금저축·IRP 점검표

항목	내 현황	점검 포인트	비고
납입 기간	☐ 5년 이하 ☐ 6~10년 ☐ 10년 이상	최소 5년 이상 납입해야 세액공제 유지	
연간 납입액	__________원	연 900만 원 한도 (IRP 포함 시 합산 기준)	
운용상품 유형	☐ 펀드형 ☐ ETF형 ☐ 예금형	수익률과 위험 수준 점검	
수령 개시 시점	☐ 55세 이후 ☐ 60세 이후	55세 이후 인출 시 연금소득세 3.3~5.5%	
세액공제 혜택	☐ 적용 중 ☐ 비적용	총 급여 5,500만 원 이하 16.5%, 초과 13.2% 공제	
현금흐름 목적	☐ 생활비 ☐ 취미비용 ☐ 예비자금	목적별 분리 필요	

실천 포인트

- 연금저축은 '유연성'이 강점이다. 중도 인출 가능(단, 퇴직소득세는 감면 없고 세액공제 받은 금액은 16.5% 차감).

- 세액공제 혜택이 크므로 연봉대별 세율을 반드시 확인하라.

- IRP와 중복 납입 시 합산 한도(900만 원)를 초과하지 않도록 관리하라.

④ **연금보험 점검표**

항목	내 현황	점검 포인트	비고
가입 여부	☐ 있음 ☐ 없음	종신 수령/확정기간 수령 기능 확인	
납입 금액	________원		
납입 기간	☐ 10년 ☐ 15년 ☐ 기타	10년 이상 유지 시 비과세	
수령 개시 나이	☐ 65세 ☐ 70세	종신 지급 여부 확인	
예상 수령액(월)	________원	세금·건보료 부과 제외	
상품 유형	☐ 공시이율형 ☐ 최저보증형 ☐ 변액형	안정성 중심 설계 권장	
비과세 요건	☐ 충족 ☐ 미충족	10년 이상 유지, 납입 연 1,800만 원 이하 기준	

실천 포인트

- 연금보험은 '비과세 + 건보료 제외'라는 절세 이중 혜택이 있다.

- 종신 수령형으로 가입하면 100세 시대의 '안정자산'이 된다.

- IRP나 연금저축으로 채워지지 않는 부분을 보완하는 역할로 설계
  하라.

⑤ **전체 연금 점검 요약표**

구분	현재 잔액(원)	개시 시점	월 예상 수령액(원)	세금/건보료 여부	목적
국민 연금	——————	——세	——————	과세 / 건보료 부과	기본 생활비
IRP	——————	——세	——————	과세 (퇴직소득세 감면) / 현행 건보료 제외	
연금 저축	——————	——세	——————	과세 / 현행 건보료 제외	
연금 보험	——————	——세	——————	비과세 / 건보료 제외	
합계	—————— 만 원 목표				

최종 점검 리스트

- ☐ 내 국민연금 예상 수령액을 확인했다.

- ☐ IRP 계좌를 개설하고 퇴직금 이체 계획을 세웠다.

- ☐ 연금저축·IRP의 세액공제 한도를 알고 납입금액을 설정했다.

- ☐ 연금보험의 비과세 구조와 종신형 상품을 이해했다.

- ☐ 세후 기준으로 목표 생활비를 설계했다.

- ☐ 가족(배우자)과 합산 연금 구조를 점검했다.

연령대별(40·50·60대)
연금 준비 로드맵

"언제 시작하든, 지금이 가장 빠른 시점이다."

연금 설계의 핵심은 '금액'이 아니라 '시점'과 '흐름'이다. 같은 돈을 넣어도 언제 시작하느냐, 얼마의 기간 동안 복리가 작동하느냐에 따라 은퇴 후 생활의 안정감은 완전히 달라진다. 이 로드맵은 40대, 50대, 60대, 세 연령대별로 현실적으로 가능한 연금 준비 전략의 순서와 포트폴리오 기준을 제시한다.

40대 로드맵 "연금의 황금 시기"

핵심 포인트

- 지금은 '시간을 돈으로 바꾸는 시기'다. 세액공제와 복리효과를 최대한 활용하고, 장기적으로는 비과세 연금보험으로 안전자산의 씨앗을 심어야 한다.

구분	주요 목표	실행 전략	추천 비중
국민연금	최소 20년 이상 납입	납입 공백 확인, 추후납부 적극 활용	필수
IRP	매년 900만 원 한도 세액공제	TDF·자산배분형 펀드 중심 운용	고
연금저축	ETF·펀드형 장기복리 운용	위험자산 70~80% 편입, 세액공제 극대화	고
연금보험	비과세 자산의 씨앗 마련	월 30만~50만 원 수준, 10년 이상 유지	중
기타	비상금·적립식 펀드 운용	10년 이상 복리 운용, 리스크 분산	중

40대 이상적 연금 포트폴리오 비중 예시

항목	비중	핵심 역할
국민연금	35%	기본 생활비의 뼈대
IRP	30%	세액공제 + 복리 자산
연금저축	25%	유연한 수익형 계좌
연금보험	10%	비과세 안정자산, 조기 확보용

40대 핵심 문장

"수익보다 중요한 건 시간이다.

지금 심은 씨앗이, 70세의 월급이 된다."

50대 로드맵 "현실 점검과 구조화 단계"

핵심 포인트

- 퇴직 전 5~10년은 인생의 재무 전환기다. '얼마 버느냐'보다 '어떻게 들어오게 만드느냐'가 중요하다.

구분	주요 목표	실행 전략	추천 비중
국민연금	예상 수령액 현실 점검	'내 곁에 국민연금' 앱에서 부족분 계산 후 대비책 수립	필수
IRP	퇴직금 이체 + 세액공제 납입 병행	TDF·자산배분형, 55세 이후 수령계획 확정	고
연금저축	세액공제 한도 900만 원 활용	IRP와 합산 조정, 55세 이후 연금화 계획	고
연금보험	10년 납입 비과세형 종신설계	퇴직 전후 현금흐름 보완용	중
기타	자녀 독립· 대출상환 플랜 병행	부채비율 20% 이하 유지	중

50대 이상적 연금 포트폴리오 비중 예시

항목	비중	설명
국민연금	35%	기본 생활비 기반
IRP	25%	퇴직금·절세 효과
연금저축	25%	세액공제·수익성 확보
연금보험	15%	비과세 + 종신소득 안정망

50대 핵심 문장

"이제는 수익이 아니라 구조다.

월급이 끊겨도 돈이 흐르는 시스템을 만드는 시기다."

60대 로드맵 "수령과 조정의 시기"

핵심 포인트

- 이 시기는 '자산의 운용'이 아니라 '소득의 지속'이 핵심이다. 세금과 건보료를 반영한 실수령액 기준으로 은퇴 생활비를 확정해야 한다.

구분	주요 목표	실행 전략	추천 비중
국민연금	수령 개시 및 세후 확인	부부 합산 소득으로 건보료 판정 관리	필수
IRP	55세 이후 분할 수령	30~35년 장기 분할로 세금·리스크 최소화	고
연금저축	수령 개시 후 비율 조정	IRP와 중복 수령 최적화	중
연금보험	70세 이후 종신 지급 개시	비과세·건보료 제외 자산으로 유지	중
기타	소비 구조 리밸런싱	생활비 80%, 여유비 20% 유지	중

60대 연금 수령 설계 예시

구분	개시 연령	월 수령액(세후)	세금·건보료	특징
국민연금	65세	160만 원	과세·건보료 부과	기본 생활비
IRP	55세	115만 원	퇴직소득세 감면	장기 분할 수령
연금저축	55세	65만 원	연금소득세 부과	유연성 확보
연금보험	70세	55만 원	비과세·건보료 제외	여유 자금
합계		400만 원(세후 기준)		생활비 충족률 100%

60대 핵심 문장

"이제는 자산이 아니라 흐름으로 산다.

돈이 사라지는 게 아니라, 돈이 나를 지탱하는 구조다."

세대별 한눈에 보는 핵심 전략

연령대별 핵심 로드맵 요약

구분	전략 키워드	연금 목표	핵심 포인트
40대	적립과 복리	장기 투자·비과세 기반 확보	시간의 복리, 세액공제 극대화
50대	구조화와 전환	현금흐름 설계·퇴직금 운용	절세 + 안정성 확보
60대	수령과 유지	세후 기준 안정 현금흐름	세금·건보료 최적화, 분산수령

실천 가이드

- 연금은 '시점이 수익률'이다. 늦게 시작해도 구조화는 가능하다.

- 40대는 투자, 50대는 설계, 60대는 조정의 시기다.

- 국민연금·IRP·연금저축·연금보험의 개시 시점을 분리하라.

- 연금 목표는 세후 월 400만 원 기준으로 세워라.

- 70세 이후 종신형 연금보험은 심리적 안전망이다.

은퇴 생활비 예산표 샘플

"연금은 숫자가 아니라 생활이다."

'세후 400만 원'이라는 숫자가 실제 생활에서는 어떻게 쓰일까? 이 부록은 주거비, 식비, 의료비, 여가비 등 은퇴 이후의 생활비를 항목별로 나누어 연금이 삶으로 변하는 과정을 보여준다. 연금 금액이 막연한 목표가 아니라, 현실적인 생활 설계로 연결되도록 돕는 예산표다.

1. 은퇴 후 생활비의 기본 구조

은퇴 후의 지출은 단순히 줄어드는 것이 아니라, '패턴이 바뀌는 것'이다.

- 퇴직 전에는 교통비, 교육비, 외식비 등 '소비성 지출'이 중심이었다면,
- 퇴직 후에는 의료비, 관리비, 여가비, 경조사비 등 '생활형 지출'이 중심이 된다.

따라서 '얼마 쓰는가'보다 '어디에 쓰는가'를 재구성하는 것이 핵심이다.

2. 김부장 가정의 은퇴 생활비 예시(65세 기준)

전제조건

- 부부 2인 기준
- 월 실수령 연금소득 400만 원(국민연금 + IRP + 연금저축 + 연금보험)
- 서울 생활 기준, 자가 주택 보유

은퇴 생활비 예산표(세후 기준)

지출 항목	월 예산(원)	비율(%)	세부 항목
기본생활비	200만 원	50%	식비 80만 원 / 관리비·공공요금 40만 원 / 교통비 20만 원 / 통신·잡비 60만 원
의료·건강비	50만 원	12%	정기 검진, 약제비, 보충보험료 등
여가·취미비	50만 원	12%	여행, 골프, 드로잉학원, 영화 등
경조사·손주 용돈	40만 원	10%	명절, 손주 선물, 돌잔치 등
보험·세금·건보료	30만 원	8%	국민연금 과세분, 지역건보료 등
예비비 (비상자금)	30만 원	8%	예기치 못한 지출 대비
합계	400만 원	100%	세후 기준 안정적 지출 구조

핵심 포인트

- 전체 생활비의 절반(50%)은 기본 생활비로 고정힌디.

- 의료·건강비는 나이가 들수록 증가하기 때문에 최소 10% 이상 확보한다.

- 여가·취미비는 '삶의 만족도'에 직접 연결되므로 반드시 예산에 포함한다.

- 세금·건보료를 제외한 순수 소비 가능 금액은 약 370만 원 수준이다.

3. 연령대별 생활비 변동 시뮬레이션

연령대별 지출 구조 변화 예시(부부 2인 기준)

구분	55~60세	65~70세	75세 이후
기본생활비	220만 원	200만 원	180만 원
의료·건강비	30만 원	50만 원	80만 원
여가·취미비	70만 원	50만 원	30만 원
경조사·손주비	40만 원	40만 원	20만 원
보험·세금·건보료	20만 원	30만 원	35만 원
예비비	20만 원	30만 원	35만 원
합계	400만 원	400만 원	400만 원

분석

- 소비는 점차 줄지만 의료·보험비는 꾸준히 상승한다.

- 노년기(75세 이후)에는 여가비 감소분을 의료비와 예비비로 전환하는 것이 현실적이다.

- 전체 지출 총액은 유지하되 항목별 비중을 재조정하는 관리 방식이 핵심이다.

4. '은퇴 후 400만 원'이 의미하는 것

김부장 사례에서 말하는 세후 400만 원은 단순한 숫자가 아니다. 그 안에는 다음 세 가지의 의미가 있다.

- 기본생활 유지비(약 200만 원)

    - 식비, 관리비, 통신비 등 '매달 반드시 나가는 돈'

- 삶의 질 유지비(약 120만 원)

    - 여행, 취미, 가족행사 등 '삶의 만족을 위한 소비'

- 안정 자금(약 80만 원)

    - 의료비·건보료·세금·예비비 등 '불안 요소를 덜어주는 돈'

즉, '400만 원 = 단순한 생활비'가 아니라, 안정·여유·안심을 동시에 확보하는 기준선이다.

5. 나만의 생활비 설계표 (작성용)

내 생활비 예산표

지출 항목	월 예산(원)	비율(%)	현실점검 메모
기본생활비	__________	______	예: 식비, 관리비, 교통비 등
의료·건강비	__________	______	예: 병원비, 건강검진, 보험료
여가·취미비	__________	______	예: 여행, 취미, 문화생활
경조사·손주 용돈	__________	______	예: 명절, 손주 선물, 경조사
보험·세금·건보료	__________	______	예: 국민연금세, 건보료, 세금
예비비	__________	______	예: 비상자금, 돌발지출 대비
합계	400만 원 목표	100%	세후 기준

실천 가이드

- ☐ 세후 기준 월 400만 원을 목표 생활비로 잡아라.
- ☐ 생활비는 '줄이는 것'이 아니라 '비중을 재조정하는 것'이다.
- ☐ 여가비와 건강비의 균형이 삶의 만족도를 결정한다.
- ☐ 건보료·세금은 실제 가처분소득에 큰 영향을 주므로 반드시 반영하라.
- ☐ 부부가 각각 연금 구조를 확인하고 합산 생활비 구조를 함께 설계하라.

연금·투자 용어 해설

"연금 공부가 어려운 이유는 용어 때문이다."

연금과 투자는 내용보다 용어에서 먼저 막히는 경우가 많다. 이 부록은 책에 등장하는 주요 연금·투자 용어를 전문가의 언어가 아닌, 독자의 눈높이에서 풀어 설명했다. 본문을 읽다 막히는 순간, 다시 돌아와 참고할 수 있는 연금 공부의 사전 같은 부록이다.

① **국민연금**(National Pension)

대한민국의 대표적인 공적연금 제도. 국민의 노후소득 보장을 위해 10년 이상 가입해야 수급 자격이 발생한다. 수령 시기는 65세 기준이며, 가입기간이 길수록, 소득이 높을수록 연금액이 증가한다. 물가상승률에 따라 매년 수령액이 조정된다.

포인트

- 납입기간 10년 이상 → 연금 수령 가능
- 평균소득월액과 가입기간에 따라 연금액 결정
- 과세 및 건강보험료 부과 대상

② **IRP**(Individual Retirement Pension, 개인형 퇴직연금)

퇴직금을 일시금이 아닌 '연금 형태'로 관리·수령할 수 있는 계좌. 퇴직금뿐 아니라 개인이 추가 납입할 수도 있으며, 연 900만 원까지 세액공제 혜택을 받을 수 있다. 퇴직 시 IRP로 이체하면 퇴직소득세의 30~50%를 감면받을 수 있다.

포인트

- 퇴직금 + 개인 납입 자금을 통합 관리
- 55세 이후 연금 수령 가능(분할 수령 시 절세 효과)
- 과세이연 구조, 분할 시 퇴직소득세 감면

③ **연금계좌**(Pension Savings Account)

개인이 노후 대비를 위해 가입하는 장기저축상품. 연 900만 원 (연금저축 + IRP 합산 기준) 한도 내 세액공제가 가능하다. 55세 이후 연금 형태로 수령하면 연금소득세(3.3~5.5%)가 부과된다. ETF·펀드 중심의 장기복리 운용이 가능해 수익형 자산으로 활용된다.

포인트 ─────────────

- 세액공제 + 복리운용 가능

- 55세 이후 연금 수령 시 저율과세

- 중도 인출 시 세액공제 환수 주의

④ **연금보험**(Annuity Insurance)

보험회사가 운영하는 '종신 지급형' 연금 상품. 10년 이상 유지 시 이자소득세가 면제되는 비과세 혜택이 있다. 공시이율형·최저보증형 상품이 일반적이며, 일부 변액형 상품도 존재한다. 수령 시 건강보험료 부과 대상에서 제외되어 실수령액이 높다.

포인트 ─────────────

- 비과세 + 건보료 제외 → 실질소득 효과

- 종신형으로 평생 지급

- 수익률보단 '안정성 중심' 자산

⑤ TDF (Target Date Fund, **타깃데이트펀드**)

투자자가 은퇴할 시점을 기준으로 자동으로 자산배분을 조정하는 펀드. 젊을 때는 주식 비중이 높고, 은퇴가 가까워질수록 채권·안정형 비중이 늘어난다. IRP나 연금저축 계좌의 대표 운용 전략으로 사용된다.

포인트

- 자동 자산배분(주식 → 채권 전환)
- 장기 투자에 적합, 관리 필요 최소화
- IRP·연금저축의 기본 운용 옵션으로 추천

⑥ **세액공제**(Tax Credit)

납입금의 일정 금액을 세금에서 직접 차감받는 제도. 연금저축·IRP 합산 납입액 기준 연 900만 원 한도 내에서 적용된다. 총급여 5,500만 원 이하라면 16.5%, 초과 시 13.2% 공제율이 적용된다.

예시

- 연 600만 원 납입 × 16.5% = 99만 원 세금 환급
- 세액공제는 '당장 절세 + 미래연금자산'의 이중효과

⑦ **퇴직소득세**(Retirement Income Tax)

퇴직금을 받을 때 부과되는 세금으로, 근속연수와 퇴직금 규모에 따라 다르다. 퇴직금을 IRP로 이체할 경우, 즉시 과세하지 않고 연금 수령 시 30~50% 감면된 세율로 납부 가능하다.

포인트

- 근속 20년 기준 약 5〜6% 세율 수준
- IRP로 이체 시 과세이연＋30〜50% 감면
- 일시수령보다 연금 수령이 절세효과 큼

⑧ **과세이연**(Tax Deferral)

세금을 즉시 내지 않고, 미래로 '이연(연기)'시키는 구조. IRP 계좌에 퇴직금을 넣거나, 운용수익이 발생해도 당장 과세되지 않는다. 연금 형태로 수령할 때 나누어 세금을 낸다.

포인트

- 세금을 늦게 낼수록 복리 효과 상승
- IRP, 연금저축의 핵심 절세 구조

⑨ **연금소득세**(Pension Income Tax)

55세 이후 연금저축·IRP에서 연금 형태로 수령할 때 부과되는 세금. 수령 기간에 따라 3.3~5.5%의 낮은 세율이 적용된다. 일시 인출 시에는 기타소득세(16.5%)가 부과된다.

포인트

- 장기 분할 수령 시 세금 최소화
- IRP·연금저축 모두 동일 구조

⑩ **건보료 부과 기준**(Health Insurance Premium)

은퇴 후 국민건강보험 피부양자 자격은 소득 + 재산 기준으로 판정된다. 공적연금(국민연금 등)은 건보료 부과 대상이며, 연금보험은 소득으로 인정되지 않아 건보료 부과에서 제외된다.

요건

- 연소득 2천만 원 이하 → 피부양자 가능
- 재산세 과표 5억 4천만 원 이하 → 기준 충족
- 연금보험 수령액은 건보료 산정에서 제외

⑪ **복리**(Compound Interest)

이자는 원금뿐 아니라 이전에 발생한 이자에도 붙는 구조. '시간이 곧 수익'이라는 원리의 핵심이며, 연금 설계에서 가장 중요한 개념이다. 40대에 시작하면 60대의 수익은 2~3배 차이 난다.

공식

원리금합계 = 원금 $\times (1 + 이율)^n$

(예: 1,000만 원을 4%로 20년 → 약 2,191만 원) *n = 기간(년)

⑫ 비과세(Tax Free)

이자소득세(15.4%)가 면제되는 제도. 연금보험, 저축성보험 등에서 일정 요건(10년 이상 유지, 연 1,800만 원 이하 납입)을 충족하면 비과세 혜택을 받는다. 은퇴 후 실수령액을 늘리는 핵심 전략 중 하나다.

포인트

- 연금보험 비과세 = 실질수령액 증가
- 세액공제는 '절세', 비과세는 '세후수익률 제고'

⑬ 추후납부 제도(Additional Payment)

국민연금 가입자가 과거 납입하지 못한 기간을 나중에 납부해 가입기간을 늘릴 수 있는 제도. 납입 기간이 늘어나면 연금 수령액도 증가한다.

- 최대 10년치 납부 가능
- 물가연동 이자율 적용

⑭ 자산배분(Asset Allocation)

하나의 자산군(주식·채권·현금 등)에 집중하지 않고 분산 투자하는 전략. 연금 계좌에서는 안정성과 수익성을 동시에 추구하기 위한 핵심 개념이다.

- 장기투자에서는 자산배분이 수익률보다 중요
- TDF, 자산배분형 펀드가 대표적 도구

⑮ 세후 기준(After-Tax Basis)

연금 목표를 설정할 때, 세금·건보료를 공제한 실수령액 기준으로 설계하는 방법. 예를 들어 '세전 400만 원'은 실제로 약 380만 원 수준의 가처분소득이다.

- 은퇴 설계는 반드시 세후 금액 기준으로 목표 설정
- 실질 생활비와 일치하도록 조정

50세 김부장의 늦지 않은
연금 공부

초판 1쇄 발행 2026년 2월 19일
초판 3쇄 발행 2026년 5월 4일

지은이 이영주 배한호
펴낸곳 원앤원북스
펴낸이 오운영
경영총괄 박종명
기획편집 최윤정 김형욱 이광민
디자인 이영재
기획마케팅 문준영 김연아 박미애
디지털콘텐츠 안태정
등록번호 제2018-000146호(2018년 1월 23일)
주소 04091 서울시 마포구 토정로 222 한국출판콘텐츠센터 319호 (신수동)
전화 (02)719-7735 | **팩스** (02)719-7736
이메일 onobooks2018@naver.com | **블로그** blog.naver.com/onobooks2018
값 19,000원
ISBN 979-11-7043-726-0 03320